日常をポジティブに変える

究極の持久力

ULTIMATE ENDURANCE

疲れない身体とアタマのつくり方

プロトレイルランナー
鏑木毅
Tsuyoshi Kaburaki

Discover
ディスカヴァー

プロローグ

本書を執筆している間に、私は49歳の誕生日を迎えました。

一般的にはもう立派な中年の域であり、会社員生活を送っている方なら、そろそろ老後の暮らしについて考えはじめる時期かもしれません。

だからこそ、今も現役のトレイルランナーとして100マイル（160キロ）の山道を走り抜く私に対して、周囲からよくこんな疑問を投げかけられます。

「どうしてその年齢まで体力が衰えないの？」

「40歳を過ぎても、身体って鍛えられるものなの？」

「いったい何歳まで現役を続けるつもり？」

もちろん、私も人並みに疲労は感じますし、明らかに若い頃よりもフィジカルの機能は衰えています。

しかし一方で、これまで培ってきた知識や経験から、私にはひとつ確信していることがあります。それは、筋力や瞬発力の衰えは避けられなくても、「**持久力は何歳《いくつ》になっても向上できる**」ということです。

私が主戦場としているトレイルランニングのなかでも、ウルトラトレイルのカテゴリーは、起伏の激しい山中を一昼夜走り続ける競技です。それは筋力や心肺、精神力など、持てる力のすべてを総動員させなければならない過酷な世界。たとえば世界最高峰の大会であるウルトラトレイル・デュ・モンブラン（以下、ＵＴＭＢ）では、総距離１６９・４キロ、累積標高差は９８８９メートルという過酷なコースが用意され、これを46時間30分の制限時間内に走りきらなければなりません。

私は40歳を迎えた２００９年に、そのＵＴＭＢで世界3位の記録をマークしました。これは今なお、日本選手の最高位として破られていない記録です。

しかし、中学時代に陸上競技を始め、そのまま高校大学と長距離種目に身を投じてきた私の競技人生は、決して順風満帆なものではありませんでした。

体重80キロを超えた20代。そしてトレイルランニングとの出会い

高校時代はオーバーワークから坐骨神経痛に悩まされ、めぼしい結果を一切残すことなく3年間を終えました。

その後、箱根駅伝出場を夢見て早稲田大学に進学し、名門として名高い競走部に籍を置いたものの、目標であった箱根出場まであと一歩と迫りながら、やはり坐骨神経痛によって無念のリタイア。

むしろ、やることなすことすべてがうまくいかない競技人生で、競走部を去った後は自暴自棄に陥り、将来にすっかり絶望していました。

大学卒業後はもうトレーニングに励むこともなく、故郷・群馬の県職員として働く日々。しかし、今にして思えばどこか生活に張りがなく、仕事を終えた後の一杯だけが楽しみで、気がつけば60キロだった体重は80キロオーバーにまで膨らんでいました。

そんな生活に転機をもたらしたのが、県職員時代にたまたま地元紙で見かけた、トレイルランニングのレポート記事でした。

走ることに絶望してはいても、心のどこかで走ることを嫌いにはなりきれていなかったのでしょう。1分1秒をシビアに競い合う世界に疲弊していた私にとって、爽やかな空気と緑の中を走るトレイルランニングは、同じ長距離種目でもまったくの別世界に感じられました。

これだ！　まるでハンマーで殴られたような衝撃を受けた私は、その1年後、初めてトレイルランニングの大会に出場します。28歳のときでした。

長いブランクもあり、たっぷりと脂肪をまとった身体を絞るだけでも、それはそれは大変な作業でした。しかし昔とった杵柄か、あるいは酒浸りの生活を改めた賜物か、公務員として働く傍ら地道にトレーニングを積み重ねていった私は、次第に現役時代の感覚を取り戻していきます。

果たして、初めて出場したトレイルランニングの大会で優勝を飾った瞬間、私はすっかりこの競技の虜になってしまったのです。

もっとこの競技を楽しみたい。心からそう望んだ私は、さらに意欲的にトレーニングに励むようになり、着実に実力を伸ばしていきます。

そして翌年の大会でもまた優勝。優勝によって周囲から褒め称えられると、いっそうモチベーションが湧いてきて、さらに熱心にトレーニングに打ち込むようになります。すると、さらに実力がアップして、その翌年もまた優勝。私は絵に描いたような上昇スパイラルに乗っていました。

こうなると不思議なもので、競技以外の日常生活にもメリハリが生まれます。怠惰な日々が嘘のように節制に励み、仕事中にも周囲から「なんだか明るくなったね」「最近の鏑木君は自信に満ちあふれているよ」などと言われるようになりました。それはトレイルランニングとの出会いが、人生をまるごと好転させてくれたことを実感させてくれる出来事でした。

そして気がつけば私は、トレイルランナーとして国内トップクラスの立場にまで上りつめていたのです。

初めての世界最高峰の舞台。そこで出会った、59歳のイタリア人ランナー

しかし、この競技との出会いが、遅きに失したことも否めません。とくに30代半ばに突入してからの私は、いつ身体機能の衰えに直面するのか、内心びくびくしながら競技生活を送っていました。

実際、37歳を超えた頃には、練習時のタイムや体感する筋疲労から、はっきりと衰えを自覚しはじめます。

それでも国内の第一人者であり続けた私は、38歳で初めてＵＴＭＢに出場する機会を得ます。フランスで毎年8月末に開催されるこの大会は、トレイルランニングにおいて世界最高峰の舞台で、自転車ロードレースでいえばツール・ド・フランスにあたる、世界中のランナーたちの憧れの舞台です。

しかし、それまで最長70キロまでしか経験していない私にとって、総距離１６０キロに及ぶ行程はあまりにも高いハードル。着実に衰えていく身体に対する不安も拭

えません。すでに競技生活の幕引きを意識しはじめていたこともあり、正直、私は半ば物見遊山の感覚でフランスへ向かったのでした。

案の定、初めてのＵＴＭＢは地獄の苦しみでした。初めのうちはいつもどおりに進んでいても、やはり脚への負担はこれまでの比較にならず、途中、走りながら筋肉がブチブチと断裂する音が聞こえてきたほどです。

どうにかリタイアこそ避けたものの、24時間24分の過酷なレースを終えた直後には、あまりの痛みに失神寸前の状態に陥っていました。

しかしその一方で、完走を果たした達成感は何物にも代え難く、とりわけシャモニーの街でゴールが見えてきた瞬間の喜びは、今でも忘れることができません。

そしてこの大会では、私の競技観に大きな影響を与える、重要な出来事がありました。それは優勝者のイタリア人、マルコ・オルモ選手の存在を知ったことです。

マルコ・オルモ選手はこのとき、なんと59歳。白髪のルックスは中年どころか初老の域に見えますが、それにもかかわらず、彼は私より3時間以上も速いタイムで優勝を飾ったのです。

なぜ、この年齢でこれほどの実力を維持できるのか。衝撃と疑問で頭がないまぜになりつつ、38歳にして引退を考えている自分が、なんだか恥ずかしく感じられもしました。

マルコ・オルモ選手の強さには、きっと何か秘密があるはず。59歳の彼にここまでできるなら、30代の自分にはまだまだできることがたくさんあるに違いない――そう考えると居ても立ってもいられず、いっそうの研究に勤しみはじめた私は、やがてひとつの答えを導き出します。

それが、前述した**「持久力は何歳《いくつ》になっても伸ばすことが可能である」**ということでした。

この考えが間違っていなかったことは、その2年後に達成した世界3位の結果が証明しているといえるでしょう。

第1章

疲れない身体のつくり方

日常をポジティブに変える

究極の持久力

CONTENTS

さんの仕事や日々の生活においても、ポジティブな影響をもたらしてくれるでしょう。

皆さんがいつまでも挑戦する心を忘れず、人生を自分らしく彩る一助となれば幸いです。

あきらめずに挑戦する心。50歳で、再び世界最高峰へチャレンジ

私は49歳になった今、プロのトレイルランナーとして現役生活を続けています。この間、持久力を伸ばす方法を徹底的に探求し、実践してきました。

そんな私には今、大きな目標があります。それは50歳になる来年、再び世界最高の舞台UTMBにチャレンジすることです。

適切なノウハウを身につければ、50歳でも老いることなく結果を出すことができる。これを自ら証明しようというわけです。

これは世間一般の価値観に、大きく逆行する考え方といえるでしょう。しかし、従来の価値観に振り回されているばかりでは、可能性は生まれません。スポーツに打ち込み、目指す結果を得ることは、決して若い世代だけの特権ではないはずです。

本書では、私が今日まで体験的に身につけてきた、若返りと持久力アップのメソッドを解説しています。それは末永くスポーツを楽しむことに役立つのはもちろん、皆

第2章

体質を変える食事法

第3章

“持久脳”のつくり方

第4章

本番力をつける

第5章

戦い続けるためのリカバリー

第6章 楽しく年齢を重ねるために

第1章

疲れない身体のつくり方

歳をとると、筋量は増やせても パフォーマンスの低下は 止められない

年齢を重ねれば当然、人の肉体は衰えていくことになります。これは私たちが生き物である以上、抗うことのできない自然の摂理です。皆さんも日常生活で、駅の階段を上がったり、あるいは横断歩道を小走りに渡ったりしたときに、思いのほか早く息が切れる現実に直面することが、しばしばあるでしょう。

しかし不思議なことに、そうした衰えは必ずしも筋肉の量と比例していません。

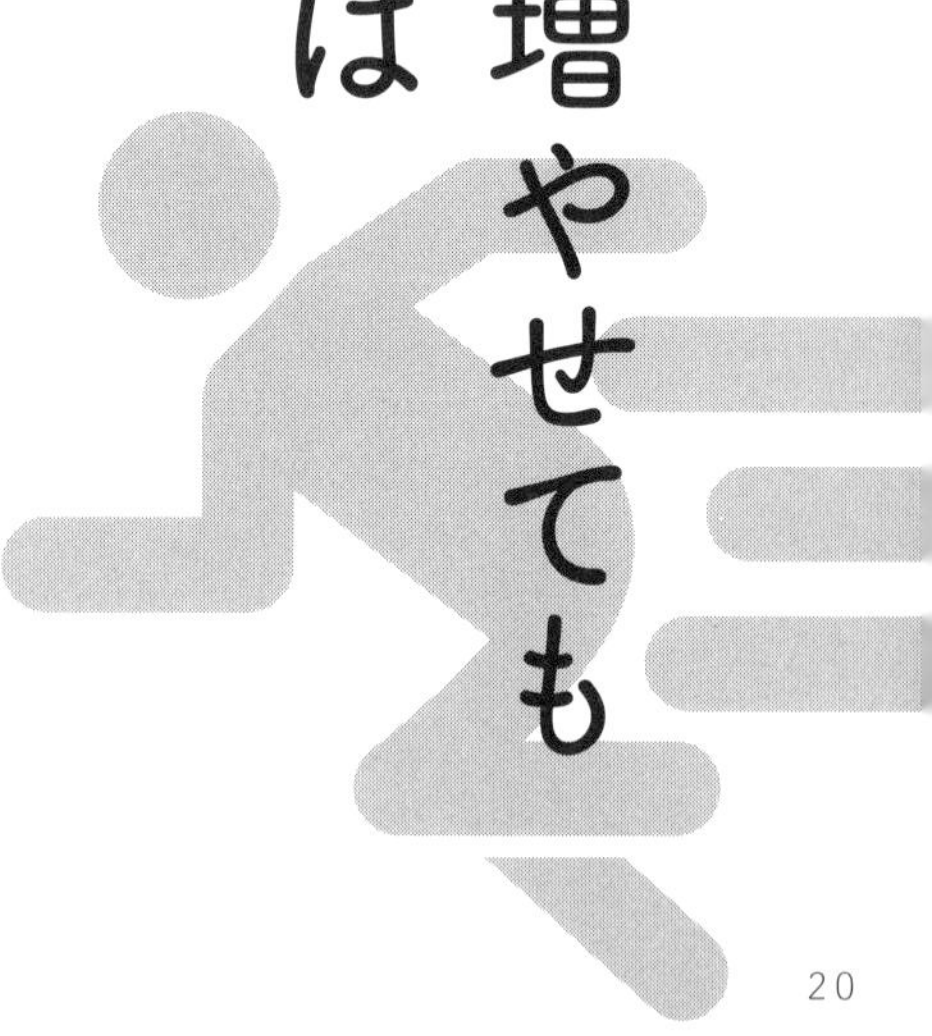

たとえば私の場合、自分の太腿の太さを〝測定〟することを日々の習慣にしています。といっても、メジャーなどで厳密に測るのではなく、両手で太腿をつかむように囲い、左右の指先の接触具合によって太さの変化を実測するのです。手のひらのサイズは加齢やコンディションによってそう変わるものではありませんから、太腿が太くなったのか、それとも細くなったのか、手軽に実測できるわけです。

この測定方法に基づけば、私の太腿は、トレイルランナーとして最盛期であった30代のときよりも現在のほうが太く、多くの筋肉をまとっているのは間違いのない事実です。しかしその反面、筋肉が発するパフォーマンスが低下しているのは、記録を見れば明らか。

なぜ、筋量は増えているのに、パワーは落ちてしまうのか？

これはつまり、〝使える〟筋肉の量が減っていることを意味しています。

仮に、全盛期の頃の筋肉のパフォーマンスを１００とし、現在のパフォーマンスをその7割程度と仮定すれば、単純計算で2割増しの筋肉をつけたとしても、パフォーマンスは緩やかに低下することになります。

パフォーマンスを上げるには、筋肉を増やすより、シナプスのはたらきを活発化させる

老いてもなお、高いパフォーマンスを発揮できる体をつくるためには、まずは衰えのメカニズムを知っておくべきでしょう。

人の体内には、シナプスによる神経細胞や筋繊維のネットワークが形成されています。シナプスとは、神経情報の出力部と入力部をつなぐもので、人が自らの頭で考えた行動をとる（出力する）ための信号を司《つかさど》っています。

この機能が加齢によって少しずつ利きづらくなることで、人のパフォーマンスは全体の筋量と反比例するように低下していくことになります。わかりやすくいえば、「反応が鈍る」わけです。

ならば、それを補うレベルまで筋肉を増やせばいいと思う人もいるかもしれません。出力が2割減なら、3割増しの肉体をつくりあげれば、パフォーマンスは上がる

だろう、と。実際、筋肉は年齢を重ねても比較的増やしやすいことは、時折話題になる高齢ボディビルダーの例などを見ても明らかです。

しかし、意図したパフォーマンスをフルに発揮できない筋肉は、いわば重りのようなもの。その荷重がさらにパフォーマンスを抑えてしまう側面もあるでしょう。私のように長い距離を走るランナーにとって、これはあまり合理的ではありません。

では、何をするべきか。理想は、**シナプスのはたらきをもう一度活発化させ、反応を取り戻す**ことであるはずです。

「持久力を取り戻す」という視点を持つ

加齢による肉体の衰えは、グラフによる曲線で表すとわかりやすいでしょう。

ここではトレイルランナーを例に、パフォーマンスのレベルと年齢から、自分が発揮できる力を考えてみます。

脚力（スピードを含む）が、加齢とともに右肩下がりになるのはやむを得ないこと。

しかし、そこから持久力を切り離して考えてみると、これは死ぬまで伸ばすことができる唯一のアビリティであるというのが私の持論です。

図1　パフォーマンスは脚力と持久力のトータルバランスで生み出される

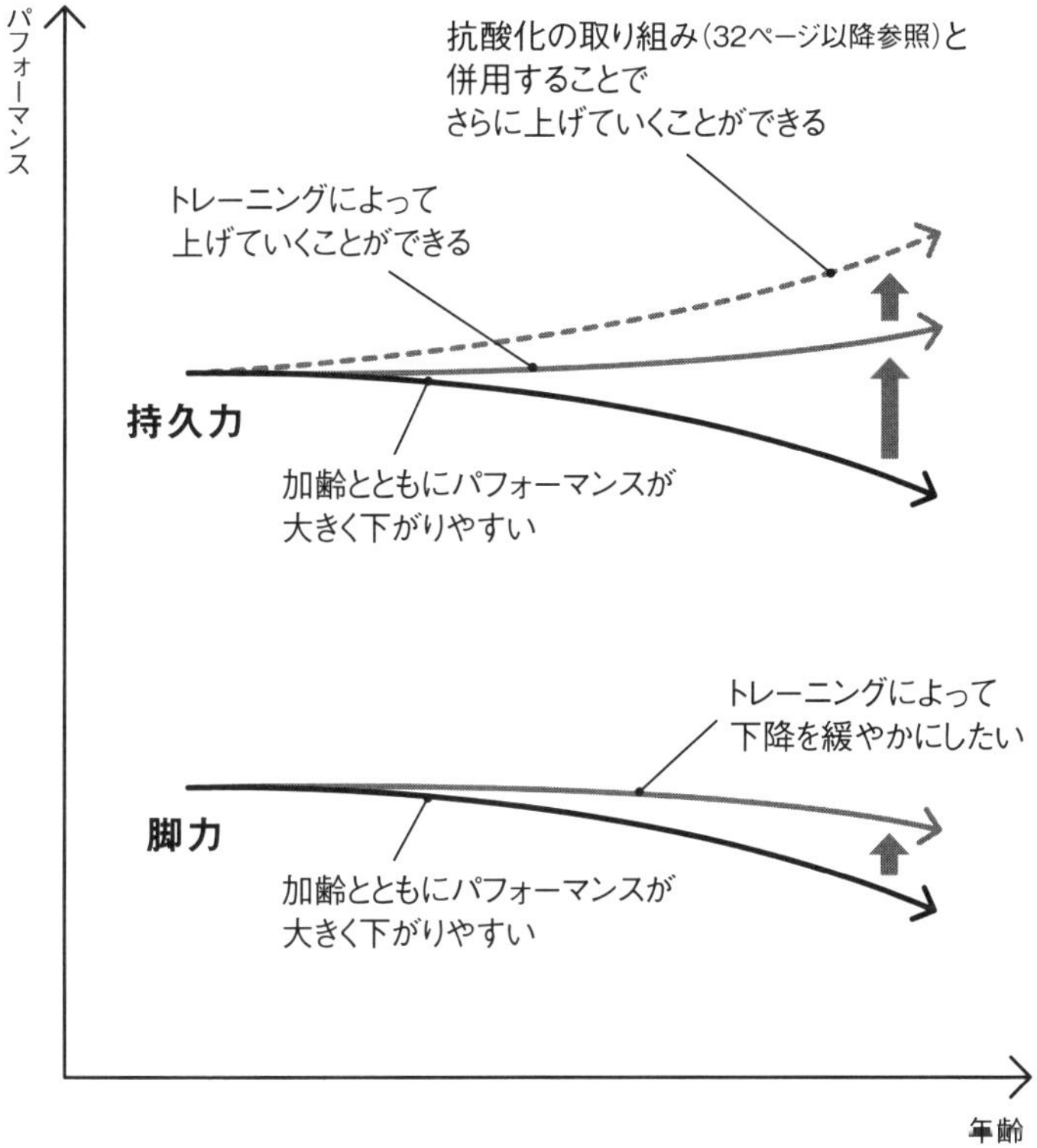

持久力＝体脂肪燃焼効率

トレイルランナーのパフォーマンスは、脚力と持久力のトータルバランスで生み出されるもので、どちらか一方だけを維持すればいいというものではありません。持久力はできるだけ右肩上がりに伸ばし、脚力はその衰えカーブを少しでも和らげるための努力が必要です。

なお、ここでいうところの「持久力」とは、単に心肺機能を指す言葉ではなく、できるだけ疲れず、できるだけ長く動き続けることができる能力のこと。それはつまり、体脂肪を効率的にエネルギーに変えられる、燃焼効率を意味しています。

これは24時間走り続けるトレイルランニングならではの考え方といえますが、要は、**いま身体の中に蓄えられているエネルギーを、いかに効果的に活用できるか**が勝負を分けるのです。

プロローグで触れたマルコ・オルモ選手は、見た目にはガリガリの体躯の持ち主で、とても過酷なレースに耐えられる肉体には見えません。それにもかかわらず世界トップクラスのパフォーマンスを発揮できるのは、体脂肪の燃焼サイクルを極限まで研ぎすませているからこそ。

私は過去に一度、幸運にもそのマルコ・オルモ選手と一緒に練習をする機会を得たことがあります。

並走していてまず肌身で感じたのは、彼は決して力強く走るわけでも、スピード豊かに走るわけでもないということ。少なくとも、脚力やスピードについては、20歳若い私のほうが上であると感じました。

ところが、走る距離が長くなればなるほど、次第に彼のスピードについていくのが精一杯になってしまうのです。そのとき、彼が私とは違うエネルギーの使い方を心得ていることを、あらためて実感させられました。それこそが、体脂肪の燃焼効率なのです。

こうした持久力を育むことは、一般の人々にとっても日常の随所でプラスにはたらくはず。**体脂肪が優先的に燃える体質に整えることができれば、長時間の労働でも疲れにくく、心身や脳が高いレベルでのパフォーマンスを維持できる**はずなのです。

負荷に慣れやすい身体には、予想外の刺激を与えるようにする

さて、神経系の衰えを少しでも抑えるためには、どのようなトレーニングが有効なのか。これはひとえに、それまでとは異なる高い負荷を筋肉に強《し》いることで、〝質の高い〟鍛え方を心がけるしかありません。

たとえば20キロ、30キロという長い距離を走るトレーニングは、どうしてもルーティン化してしまい、肉体にとって刺激が少しずつ少なくなっていきます。なぜなら、人は同じメニューをこなし続けるうちに、その負荷に慣れていってしまう生き物

であるからです。

ジョギングのようなトレーニングも、高齢になってもこなしやすい種類の負荷である一方で、その刺激に慣れるのも早いという側面があります。結果として、効率的に能力の向上が見込めるトレーニングかというと、そうではないのです。

そこで私は、**刺激に緩急をつけ、短時間で高い負荷を与えるメニューを意識的に実践**しています。坂道ダッシュ、腿上げ、片足ジャンプ、あるいは高地トレーニング……。とにかく多彩なメニューをこなすことを重視したスケジュールを考えています。こうした刺激によって筋力が増すだけでなく、シナプスの動きを活性化させる一助となり、結果としてトータルな意味での持久力向上につながるというわけです。


大切なのは、〝慣れる〟性質を持つ身体に対して、その裏をかくような刺激を与えること。

たとえば、毎朝階段ダッシュを10本こなすことを日課にしている人の場合。最初のうちは脚を中心とした各部位に高い負荷がかかり、それなりのトレーニング効果が得られるでしょう。ところが、その効果はそのまま右肩上がりを続けるかというとそうではなく、身体が刺激に慣れてくると、次第に横這いになっていきます。

そこで、さまざまな角度からゆさぶりをかけることを意識してみましょう。たとえば、ときには短くて急な階段をコースにしてみたり、あるいはゆるい傾斜の長い階段をコースにしてみたり、さらにはスピードを極端に上げてみるなど、身体にとって予想外の刺激をあたえてやるのです。

フィジカルの機能を、高いレベルで長く保つためには、こうした工夫が不可欠。これは私自身が長年のトレーニングで実感していることです。

しかし一方で、年齢を重ねれば重ねるほど、身体は回復力を失っていきます。そのため、同じように階段ダッシュ10本のメニューをこなしているつもりでも、回復が遅く、3本、4本、5本と続けるうちに運動のレベルが下がり、いつの間にか密度の低いトレーニングに陥ってしまうことがあります。

そこで、トレーニングメニューの構成とは別に、高いトレーニング効果を維持するために必要なのが、次項からご紹介する「抗酸化」の取り組みです。

トップアスリートにはなぜ、小じわが多いのか？

身体の老化を抑えること。すなわちアンチエイジングのカギを握っているのは、**「抗酸化」**です。抗酸化という言葉は美容のジャンルでもよく使われるので、むしろ女性のほうが耳馴染みがあるかもしれません。

抗酸化とは何か。そのメカニズムを理解するためには、皆さんが日頃から無自覚に行っている呼吸に着目する必要があります。

人は呼吸をすることによって酸素を吸い込み、それを細胞内のミトコンドリアのはたらきで化学合成させ、エネルギーを生成して活動しています。

この際、取り込んだ酸素の一部が、「**活性酸素**」と呼ばれる酸化力の強い成分として体内に残ってしまいます。いわば燃料を燃やした後の〝燃えカス〟のようなもので、これがたまりすぎると細胞や血管の正常な動きを阻害するほか、動脈硬化や生活習慣病を招くことにもつながります。

こうした現象を〝サビる〟と表現しますが、老化によって身体の各機能が衰えるのは、ここに大きな原因があるわけです。

まして、ハードなトレーニングの積み重ねで、一般の人より多く酸素を消費しているアスリートの場合、人一倍サビやすい生活を送っていることになります。**スポーツとは実は、体中を活性酸素まみれにする行為にほかなりません。**

その影響は美容面にも顕著で、たとえばマラソン選手など有酸素運動系のアスリートの中には稀に、実年齢と比べて妙に小じわの多い顔をしている選手がいることに心当たりはないでしょうか。

これこそが活性酸素をため込んでいるがゆえの現象で、いってみれば彼らは、美容や健康を犠牲にしながらパフォーマンスを維持しているともいえるのです。これは文字どおり、寿命をすり減らしていることにも等しいでしょう。

さらに問題なのは、そうした身体の疲れは、心の疲れにも直結するということ。身体の疲労が長く続くと、やがてはモチベーションを低下させ、ついには鬱を発症してしまうことがあり得ます。これでは競技を長く続けることはおろか、日常生活にも支障をきたしてしまいます。

活性酸素を体内から取り除くには

こうした活性酸素は、人体にとって必要悪のようなものです。

エネルギーを使って生命活動を維持するうえで必ずついて回るものであり、これを発生させないためには、エネルギーを使わずに生きていくしかありません。もちろん、そんなことは不可能です。

生きている以上、活性酸素と無縁ではいられないなら、**アンチエイジングのために打つべき作戦はただひとつ。体内に発生した活性酸素を、速やかに取り除くしかありません。**

しかし、これを運動や生活習慣の改善で対処するのは困難です。活性酸素を抑えるには、「抗酸化作用」を持つ成分を、できるだけ体内に満たしておくしかありません。抗酸化作用を持つ物質が十分に蓄えられていれば、呼吸によって活性酸素が発生した際、その都度そのはたらきを撃退することができます。

そこで抗酸化作用について研究を続けた結果、私が出会ったのが「**アスタキサンチン**」という成分でした。

アスタキサンチンとは、β-カロテンやリコピンなどと同じカロテノイドの一種。赤橙色の色素を持っているのが特徴で、**エビやカニなどの甲殻類、サケやタイといった魚類など、主に海洋系の食材に多く含まれている成分**です。

わかりやすい特性として、加熱した際に赤くなる海の食材は、このアスタキサンチンを豊富に含んでいると考えていいでしょう。

たとえば、産卵のために川を遡上するサケは、分類としては白身の魚類ですが、身が赤く見えることについては皆さんもよくご存じでしょう。

一度海へ出たサケは、過酷な長旅を経て川へ戻ってくるため、当然ながら大量のエネルギーを消費しています。そのため人間と同様、体内に大量の活性酸素が発生することになりますが、それをそのまま放置していては、とても産卵場所まで到達できないでしょう。

そこでサケは子孫を残すため、筋肉にアスタキサンチンをたっぷりため込むことで活性酸素を処理しながら、長い旅路を行くのです。ちなみに、サケの卵であるイクラが赤い色をしているのも、このアスタキサンチンの成分によるもの。やはり、私たちが抗酸化作用を得るために有効な食材とされています。

抗酸化は、あらゆる生き物にとって避けられない現象である老化に対抗する、重要にして唯一の力となります。

これは年齢を重ねながらスポーツで結果を出すために、あるいは快適に運動をこなすために、必ず押さえておくべき要素といえるでしょう。

「衰え」の兆候は突然、そして明確にやってくる

ここで少し話は遡りますが、私が初めてトレイルランニングの大会に出場したのは、28歳のときでした。もともと山や緑が大好きであったことも手伝い、そのままこの世界に没入していった私は、自然の中を走れば走るほど、ストレスが解消されていくのを感じました。

少年時代に感じていた〝走る楽しさ〟を取り戻し、心身に充実感を得た私は、アスリートとして理想的な上昇スパイラルに突入し、ついにはトレイルランナーとして国

内トップクラスにまで上りつめたことは、プロローグでも触れたとおりです。しかし、28歳でのスタートは、アスリートとして決して早くはありません。どうしても、選手としての全盛期は短くなってしまいます。

果たして、我が世の春を謳歌していた私にも、ついに37歳のときに、衰えの壁が立ちはだかりました。

最初の兆候は、練習時のタイムが伸び悩みはじめたことでした。それを皮切りに、走っているときの感覚が明らかに鈍りはじめ、疲れが抜けないためこなせる練習量が少しずつ減っていくなど、典型的なピークアウトの症状が見られました。

——ついに来たか。

それが率直な当時の気持ちでした。年齢を考えれば、これは当然想定できたことだったのです。

予想外であったのは、老化による衰えとは少しずつ緩やかに現れるものではなく、ある日突然、明確なかたちでやってくるということ。**それまで複雑に機能し合っていた個々の能力のバランスが崩れたときに、衰えは一気にやってくるのです。**

そういえば、早稲田大学の競走部時代に指導していただいた瀬古利彦さんも、ご自身の競技生活を振り返ってこう語っていました。「まだやれると思っていたら、突然ガクッとパフォーマンスが落ちたんだ」

走ることに大きな喜びを感じていた私にとって、これは厳しい現実でした。

それでも37歳まで国内トップで走り続けたのだから、一般的に見れば十分にやり切ったといえるかもしれません。

私自身も、はっきりと衰えを自覚しはじめたことで、レースから身を引く決意をしていました。誰しも老化に抗うことは不可能なのだから、今後はレースで結果を求めるのではなく、趣味としてトレイルランニングを続けていけばいいだろう。そう考えたのです。

そこで、最後のレースにしようと考えて挑んだのが、38歳のときに出場したUTMBでした。そこで当時59歳のマルコ・オルモ選手の姿に衝撃を受けたことが、持久力の謎を解明しようという意欲に火をつけることになるのです。

持久力のメカニズムはまだ解明されていない

なぜ、マルコ・オルモ選手はあの年齢で、あれほどのパフォーマンスを維持できるのか。

この世に老化しない人間など存在しませんから、彼は衰えのカーブを最大限に緩やかなものにする秘訣を知っているか、あるいは年齢に逆らって実力を伸ばすトレーニング法を実践しているとしか思えません。であれば、是が非でもその秘密を知りたいと思うのは、アスリートならずとも当然の願望でしょう。

しかし、まだインターネットが発達していなかったこの時代、その秘密に迫るのは容易なことではありませんでした。

そこで私は必死に文献を集め、少しでも関連しそうな資料を片っ端から読み漁ってその謎を解明しようと試みました。

そうしてたどり着いたのは、マラソン競技の持久力については、スポーツ科学によってある程度解明されていても、100キロ、200キロといったウルトラディスタンスにおける持久力については、誰も根源的な部分を究明していないという事実でした。この状況は実は、現在もあまり変わっていません。

こうなると、自分なりに仮説を立て、日々のトレーニングで実践していくしかありません。必要なスポーツ科学を網羅し、持久力向上のために考えられるすべての手段を試行錯誤する毎日が始まりました。

この際、頭の中には常に、マルコ・オルモ選手の姿がありました。レースの映像から彼の姿が映っているシーンばかりを何度も見返して、「彼はきっと、こういうトレーニングをしているに違いない」と、想像と予測を巡らせて毎日の鍛錬に明け暮れるのです。

"老いへの抵抗"を意識したトレーニング

それまでは単に能力を伸ばすためのトレーニングばかりこなしてきましたが、ここで初めて私は、アンチエイジングという視点をもってトレーニングに励むことになりました。

何が正解で、何が効果的なのかもわからずに暗中模索しながら、さまざまな理論や理屈をひもといて、少しでも可能性のありそうなメニューをこなす日々。

その成果を測る意味で、私は翌年、39歳で再びUTMBに挑戦することを決心します。

この際、私はひとつの決意を胸に秘めていました。それは、次のUTMBでもし世界5位以内に入ることができたら、仕事を退職し、プロとしてトレイルランニングの世界でやっていこうというものでした。

この時期は仕事面でも充実した日々を送っていたものの、心のどこかに物足りなさや虚無感が生まれつつあるのを感じていました。

これは世の社会人の多くがキャリアのどこかで直面するマンネリズムなのかもしれません。たとえば、どれだけ心血を注いだプロジェクトに携わっていたとしても、異動や配置転換があれば、他の人材に取って代わられてしまうのが組織というもの。もちろん、これは仕方のないことですし、与えられた新天地で力を発揮するのが正しい社会人の姿勢でしょう。

しかし、このときの私は、トレイルランニングへの情熱が、どうにも抑えられなくなっていたのかもしれません。短い人生なのだから、自分の生涯をかけて打ち込める仕事をするべきではないか――そんな気持ちが日増しに膨らんでいきました。

そこで、もし次のＵＴＭＢで世界のトップ５に入ることができたら、それは自分なりに編み出した〝老いへの抵抗〟が、正しいプロセスとして証明されたことになります。ならば、マルコ・オルモ選手のように40代になっても50代になっても、まだまだ高いレベルで戦っていけるはず。

そんな思いを携えて臨んだＵＴＭＢで、私は４位という結果を出し、40歳にしてプロのトレイルランナーとして再出発することとなったのです。

それは同時に、抗酸化の重要性をあらためて肌身で実感するきっかけにもなりました。

「抗酸化」は食品やサプリメントから

40歳で独立してプロのアスリートになるというのは、普通に考えれば決して合理的な選択とはいえないでしょう。しかし、だからこそ私にとっては、大きなロマンを感じる選択でした。

ともあれ、プロとしてやっていくためには、スポンサーを探さなければなりません。そこでさまざまな伝手《つて》をたどり、可能性のありそうな企業にアプローチを始めます。

世界4位という看板のおかげか、ほどなく私は幸運な出会いを得ることとなります。それが、天然アスタキサンチンの製造販売だけでなく研究開発まで手がけるアスタリール株式会社でした。

実はそれまで私は、アミノ酸などのサプリメントに一定の効果を感じつつも、どこか対症療法的なイメージが拭えず、使用にはあまり前向きではありませんでした。少なくとも、パフォーマンスアップのための、根本的なサポートにはならないだろうと考えていたのです。

しかし、そうしている間にも私の脚力はどんどん衰えています。これからプロとしてやっていくにあたり、是が非でも、科学的な裏づけのある抗酸化の手段が欲しいというのが、当時の率直な思いでした。

果たして、アスタキサンチンを定期的に摂取しはじめてみると、私はすぐにそのはたらきを実感することになります。

アスタキサンチンの効果

まず感じたのは、目覚めの良さでした。慢性的に疲弊した身体は常にだるさを伴い、今ひとつ寝起きがシャキッとしません。朝練のための早起きなど、まさに苦行そのもの。これも老化によって回復力が衰えているからなのでしょう。とにかく起きるのがツライ日々でした。それが1週間ほどでスッキリと起きられるようになったことは、私にとって画期的な変化でした。

さらにアスタキサンチンを飲み続けて1カ月も経つと、今度は明確に疲労感が和らぎはじめました。これは身体が回復力を取り戻したということです。

そして3カ月後には、私が日常的に行ってきた階段トレーニングにおいて、脚力の向上を自覚するようになります。地面を蹴った際の筋肉の反応が、ここ数年は感じることがなかったほど躍動的であるのを感じ、これが抗酸化の効果を理解する決定的な出来事となりました。

もちろん、いわゆるプラシーボ効果もあるかもしれません。しかし、第三者に指摘される、わかりやすい変化も体験しました。それは頭髪です。年齢相応に白髪が減ったり、少し薄くなりかけていた頭頂部の髪の毛が少しずつ増えはじめるなど、わかりやすいアンチエイジング効果が見られたのです。これにはそれまで「そろそろ薄毛治療を考えたほうがいいんじゃない？」と言っていた妻もびっくりでした。

こうした抗酸化の作用は、トレーニングで得られるものではなく、食品やサプリメントに頼らざるを得ません。人によって実感できる効果に差はあるのでしょうが、少なくとも私の場合は覿面《てきめん》な反応が得られたといえます。

サプリメントなど気休めに過ぎないと思う人もいるかもしれませんが、それでも抗酸化への取り組みとして、やらないよりはやったほうがいいのは事実。私はそれ以来、毎日欠かさずアスタキサンチンの摂取を続けています。

持久力を高めること＝体脂肪の燃焼効率を上げること

トレーニングに加え、そうした新たな取り組みの成果は、翌2009年に挑戦したUTMBで顕著に現れました。前年の4位に続き、今度はさらに順位をひとつ上げての3位入賞。これは今も破られていない、日本人の最高位です。

実際、このときのレースで私は、まるで神がかったように絶好調の状態にありました。

スタート直前のウォーミングアップからとにかく身体が軽く、エネルギーとモチベーションで満たされているのを感じました。また、肉体のみならず、精神的なコンディションも申し分なく、走りはじめてからも脳が冴えわたり、常に視界がクリアに開けていることを実感しました。

トレイルランニングにおいて、こうした精神面のアドバンテージは大切です。それまでのレースでは、記録的には上々であっても、後から振り返ったときには必ず、「もっと効率的なコースどりができたのではないか」とか、「あそこでペース配分を間違えなければ」といった反省点が複数出てきます。ところが、この日は場面ごとの判断力が極限まで研ぎ澄まされ、考え得るかぎり理想的なペースで走り続けることができました。

自分の本来の実力を100とするなら、この日は120にも130にも感じられる仕上がり。この大会で私は、前年のタイムをなんと1時間以上も縮めることができたのです。

前年と比較して、トレーニングメニューを大きく変えたわけではありません。ただ、脚力をはじめとする筋力を取り戻したおかげで、同じメニューをこなしていても、より質の高いトレーニングを積むことができた側面はあるでしょう。

40代に突入して、絶頂期を取り戻した私。その変貌は、タイム以外の数字にも表れていました。それは体脂肪率です。それまでは12~13%ほどをキープしていた体脂肪率が、この時期は5%にまで抑えられていたのです。

これは身にまとう脂肪を、そのままエネルギーとして使うことができていることの証し。**トレーニングと抗酸化、そして食事の改善に取り組むことによって、私の身体は体脂肪の燃焼効率を著しく向上させていたのです。**

そのため、この年のレースでは後半に差しかかっても疲労が薄く、最後まで力走することができました。

体脂肪をエネルギー源として効率的に活用する

ではなぜ、体脂肪の燃焼効率が上がると、持久力が増すのか。カギを握るのは、私たちの身体の細胞にあるミトコンドリアです。

ミトコンドリアは体内でエネルギーを生産するはたらきを持つ構造物で、ひとつの細胞には数百から数千という膨大な量が含まれています。私たちが呼吸によって吸い込んだ酸素は、血液によって全身の細胞へと運ばれますが、ミトコンドリアはその酸素を使って糖や脂肪を分解し、エネルギーを発生させているのです。

アスタキサンチンはこのミトコンドリアに直接作用することが判明しており、こうした細胞レベルでの機能の向上にも寄与しています。日々の抗酸化への取り組みがエネルギーの発生効率を高めるのは、ここに理由があります。

なお、脂肪1キロあたりが持つエネルギーは、約9000キロカロリーといわれています。

9000キロカロリーというのは大変なエネルギー量で、理論上では無呼吸で（つまり新たなエネルギー源を取り込むことなく）UTMBの160キロを走破できるだけのエネルギーとなります。

私の体重をおよそ60キロと仮定すると、体脂肪5％なら3キロの脂肪をまとっていることになります。これらをすべて余さず使うことができるなら、2万7000

キロカロリーのエネルギーを私の身体は蓄えていることになります。数字の上では、まさに無尽蔵のスタミナといえます。

筋肉よりも軽量な脂肪を、エネルギー源として活用することができれば、これほど効率的な仕組みはありません。これが、体脂肪燃焼効率を上げることが持久力アップにつながることの根拠です。

2009年のUTMB3位という結果は、そうした機能が理想的に高まったからこその結果だったのでしょう。これは私にとって転機というべき体験でした。

抗炎症作用がトレーニング効果を高める

アスタキサンチンのはたらきにはもうひとつ、抗炎症作用の促進があります。これもまた、40代に入ってからのパフォーマンスアップに、大きく関係しています。

人の身体はトレーニングによって高い負荷がかかると、筋繊維が破壊され、いわゆる炎症を起こした状態に陥ります。これが肉体疲労の原因にもなるわけですが、そこで十分な休養をとって回復させると、筋肉は元の状態よりも大きく発達する。これが筋力トレーニングにおける超回復の論理です（158ページ参照）。

この際、**トレーニングの負荷によって破壊された筋肉のダメージを、抗炎症作用によって低いレベルに留めることができれば、筋疲労が少なく、素早い回復が見込めます。**

回復が早ければ早いほど、アスリートはより密度の高いトレーニングを繰り返すことが可能になりますから、能力アップのための上昇スパイラルが成立します。

どうせ毎日トレーニングを行うのであれば、その質を上げることは大切です。この時期、私が体脂肪燃焼効率だけでなく、著しい脚力の向上を体感していたのは、ここに理由があったはず。

一度は37歳で限界を感じた私。その頃は日々のトレーニングにおいても、走り終えるたびに疲労がたまり、なかなか回復せずにレベルの低い運動をこなすという悪循環に陥っていました。

やらなければならないメニューを、どうにか自分の尻を叩いてこなしても、いたずらに疲労を蓄積させるだけ。だからといって、トレーニングのたびに疲労が抜けるまで休養を挟んでいては、とても大会には間に合いません。

抗炎症という視点からの体質改善は、トレーニング効果を上げる重要なポイントとなるのです。

第2章

体質を変える食事法

なぜ「低糖」が持久力向上に効果的なのか？

体脂肪の燃焼効率を上げるには、地道な体質改善の努力が必要。そのためにはトレーニングをこなすだけでなく、日々の食事を改善することが不可欠です。

持久力を司るエネルギーには、大まかに糖と脂肪の2通りがあります。

たいていの人は、糖を優先的に使う体質に偏りがちですが、前章でも述べたように、効果的に持久力をアップさせるには、エネルギー源を脂肪に求めるのが理想。そこで本章では、「低糖」というキーワードから食事法にアプローチしていきます。

私が低糖の重要性を知ったのは、次のような体験がきっかけでした。

それは40歳で仕事を退職し、プロのトレイルランナーとして再出発した頃のこと。県職員時代よりも時間的な余裕が生まれたことから、私は武者修行のためにトレイルランニングの本場、アメリカへ向かいました。

そこで現地のトレイルランナーたちとの合同練習に参加させてもらったのですが、長い距離を走る前に、私が白米やパスタなどをせっせと消化し、体内に炭水化物を蓄えようと頑張っているのを見て、現地の選手たちは小馬鹿にしたように笑うのです。

「お前、なんでそんなものばかり食べてるんだ？」

走る前に大量の炭水化物を蓄えるのは、カーボ・ローディングと呼ばれるもので、日本では当時、長距離走者を中心に盛んに取り入れられていた手法です。

ところが、英語力に乏しいこともあり、それがなぜ笑われているのかわからない。最初はてっきり、私が持参したパスタの銘柄が珍しいとか、茹で方が足りていないとか、そういった理由で笑われているのだと思っていましたが、どうやらそうでもない様子。すると彼らから、思いがけない指摘を受けたのです。

「トレイルランニングの世界では、カーボ・ローディングなんて誰もやらないよ。まして、お前くらいのレベルの選手が、まだそんなことをやっているのは驚きだ」

これにはむしろ私のほうがびっくりしました。

過酷なウルトラディスタンスを走り抜くには、とてつもない体力が必要なわけですから、こうしてエネルギーを蓄えるのは当然のことです。ところが、彼らの考え方はさらに先を行っており、要は「わざわざ糖を取り込まなくても、せっかく脂肪を身にまとっているのだから、それを使わない手はないだろう」というのです。

確かに、言われてみればそのとおり。つまり彼らは、糖ではなく脂肪を燃やす術を知っていることになります。

この出来事が、私に体脂肪の燃焼効率を意識させる大きなきっかけとなりました。

しかし、どうすれば糖ではなく脂肪をエネルギーに変えられるのか。なにしろ代謝というのは体内で半ば自動的に行われていることですから、自分の意思でどうにかなるとは思えません。

そこで研究と実践を重ねたところ、私はある法則にたどり着きました。

それは、**日頃から糖類を多く摂っていると、人は血糖値が上がりやすくなり、脂肪エネルギーよりも糖エネルギーを優先的に使う体質になる**ということ。

糖エネルギーというのは、一般的な成人男性で2500キロカロリー程度しか身体にストックできないエネルギーです。しかしこれは、トレイルランニングはおろか、フルマラソンすら完走できないエネルギー量に過ぎません。

そこで必要なのが、**糖ではなく脂肪をエネルギーに使う、血糖値の上がりにくい体質をつくりあげる**ことなのです。

炭水化物を控えることが低糖生活の第一歩

エネルギー源を糖に頼らない体質をつくるための近道は、毎日の食事内容を見直すことです。端的にいえば、血糖値を上げる原因となる、炭水化物の摂取を抑えることが大切なのです。

私たちの食生活は、多くの炭水化物に囲まれています。白米やパスタ、うどんは言わずもがなですが、芋やれんこん、ニンジンなどの根菜類、パン粉にも多くの炭水化物が含まれています。

これらを完全に生活から排除することは、なかなか難しいことでしょう。しかし、少なくとも**自分が食べているものに、どのくらいの炭水化物が含まれているのかを知っておく**ことは重要です。

逆に、炭水化物の含有が少ないのは、肉類全般や魚介類、野菜やきのこ、豆腐、卵、チーズなど。そのため極端な話、栄養バランスを無視すれば、白米を一切とらずに魚ばかり食べていれば、低糖は実現できることになります。

しかし、ある日突然、食生活をがらりと変えるのは、簡単なことではありません。誰しもこれまで身に染みついた生活習慣やペースというものがあります。

たとえば、毎朝ご飯と味噌汁を食べることが当たり前になっている人なら、せめて白米を玄米に変えることから始めてみてはいかがでしょう。パン食の人であれば、全粒粉の商品を選べば、いつもより糖質を抑えることができます。

私自身、そうした無理のないところから低糖生活を始めてみて、10日ほどで明らかな効果を実感するに至りました。具体的には、白米をがっつりと食べていた頃に比べ、食事の量は減っているはずなのに、トレーニングの際にしっかりと力が出るようになっているなど、身体の中にちゃんとエネルギーが蓄えられている感覚を持ちました。

そしてこれを皮切りに、私の身体は少しずつ疲れにくい体質に変わっていきました。それも、糖エネルギーではなく脂肪エネルギーを有効に使えるようになってきたことの証し。毎日の食事の改善が、徐々に体をアップデートさせていくのです。

日常の小さな工夫が血糖値の上昇を抑える

コツさえつかめば、低糖への取り組みは日常のちょっとした工夫で行うことができます。

いくらかの炭水化物を食べるにしても、食べる順番に少し配慮するだけで、血糖値の上がり方は大きく異なります。

たとえば、空腹の状態でいきなり白米をかきこむと、炭水化物は急上昇してしまいます。そうではなく、**最初に野菜、次におかずをたいらげた後、最後に白米を食べる**

ように意識するだけで、血糖値の上昇が抑えられることが科学的にも判明しています。

これもあくまで、副菜を完食してから白米だけを食べるというのではなく、あまり最初から炭水化物ばかり摂りすぎない、といった程度に考えておけばいいでしょう。

油を使うときは、不飽和脂肪酸かノンオイル・ドレッシングを

また、炭水化物を減らしはじめると、人によっては油っぽいものや味つけの濃いものを欲するようになります。そうしたリバウンドが、せっかくの低糖の効果を阻害してしまうこともあるので配慮が必要です。

たとえば、炒めものをつくる際に油を使うのであれば、普通のサラダ油よりも「オメガ3脂肪酸」と呼ばれる、**身体がエネルギーとして使える不飽和脂肪酸などの摂取を心がける**のが理想的。

油には飽和脂肪酸と不飽和脂肪酸があり、体内にこびりつきやすいとされるのが前者の飽和脂肪酸です。これに対し、不飽和脂肪酸は分解されるのが早く、エネルギー

として燃えやすい特徴があります。どれほど糖を抑えても、飽和脂肪酸をたっぷり摂取していては無意味です。

同じ理由から、サラダを食べる際のドレッシングにも気をつけたいところです。炭水化物を控えた分、野菜をたっぷり摂ってお腹を満たそうとすれば、やはり何らかの味つけが必要でしょう。個人的には塩などを少量ふりかけて食べることをお勧めしますが、それでは物足りないという人は、ノンオイル・ドレッシングがいいでしょう。

低糖につきまとうリスクも頭に入れておく

ただし、身体が慣れないうちに急激に糖の摂取を減らしすぎると、コンディションに悪影響を及ぼすことがあるので注意が必要です。

脂肪を使う体質が出来上がっていない状態で糖をカットすると、エネルギー不足から力が出なくなったり、モチベーションが低下したり、1日頭がぼーっとしてしまったりなど、さまざまな作用が起こります。酷い場合には、抵抗力が低下して病気にかかりやすくなるなどして、それではとてもトレーニングどころではなくなってしまい

ます。

こうした身体の反応には個人差があります。少しずつ糖を減らしながら、自分に合ったペースを見極めなければなりません。

私自身も、低糖に取り組みはじめた初期の頃は、そのあたりのさじ加減に失敗し、トレーニング後にフラフラの状態になってしまったことがありました。その結果、予定していたメニューを十分にこなすことができず、低糖の難しさを思い知ったものです。


また、仮にまったくの無糖の状態をつくりあげることができたとしても、それではかえって脂肪の燃焼を阻害することになるので要注意です。なぜなら糖は、脂肪を燃やす際の〝着火剤〟の役割を果たすものなので、これがなければ、そもそも代謝を促すことができなくなってしまうのです。

つまり、**脂肪エネルギーを最大限に活用するためには、糖を摂りすぎてもいけないし、減らしすぎてもいけない**。これはバランスの問題なので難しいところです。

ただ、少なくとも現代の日本の生活においては、糖を「減らす」より「摂取しない」という意識を三度の食事の際に持っていれば、結果的に適度な糖の摂取に留められるのではないかと個人的には思います。

おすすめは鍋料理。冷蔵庫にストックしておくと便利

ちなみに私の場合、そうした条件を簡単に満たすために、鍋を食べることが多いです。

鍋は肉や野菜の栄養を漏らさず摂取できるうえ、味のバリエーションが豊富。炭水化物をカットしても、比較的満足度の高い食事が楽しめる優れものです。ときには3種類くらいの鍋を冷蔵庫にストックしておき、気分に合わせて好きな味の鍋を選び、温めて食べることもあります。

あまり脂でギトギトしたものであれば効果も半減ですが、これなら無理なく続けられるのではないでしょうか。

なお、長い距離を走る前に空腹感を覚えたときなどは、たとえばおにぎり1個な

ど、少量の炭水化物を摂取するのは悪いことではないと私は考えています。痩身などの美容が目的であれば話は別ですが、目的があくまでパフォーマンス向上にあるのなら、糖エネルギーもある程度必要となるからです。

小腹が空いたときや、飲み会があったときに食べてもいいメニュー

食事面から体質改善を図るなら、完食は大敵であると心得ておきましょう。せっかくパンやラーメンを抑えていても、3時のおやつにパフェやケーキを食べてしまっては台無しです。

どうしても小腹が空いたときや、デザートを食べたい欲求が強い人は、せめて**ナッツ類**や**果物**に代えてみてはいかがでしょうか。いずれも血糖値を大きく上げることのない、良質の食材といえます。

とりわけ果物に関しては、果糖による甘さも体感でき、スイーツの代替品として有効なのではないでしょうか。グレープフルーツなどは、私自身もデザート感覚でよく口にしています。

また、会社勤めをしながらトレーニングを続けている人であれば、上司や取引先とのお付き合いで、お酒をたしなむ機会も多いでしょう。

そういう席に参加したときくらい、気にせず好きなものを飲み食いしてもいいと思いますが、少しでも低糖を心がけるのであれば、**ビールやワインなどの醸造酒は避けるべきでしょう。**

居酒屋のメニューにあるアルコール類は、大きく醸造酒と蒸留酒に分けられます。原材料を発酵させて仕込む醸造酒は糖質を多く含んでいるのに対し、蒸留酒は糖質がゼロであるのが魅力です。

具体的には焼酎やウイスキーが中心で、それらをソーダで割ったハイボールなどもお勧め。ただし、甘いリキュールやジュースなどで割ったサワー類は、相応の糖質を含んでいるので注意が必要です。

それに合わせて、おつまみには豆腐や枝豆、野菜を中心に選ぶのが無難。しかし、野菜もまた、一括りにはできません。

どうせ同じ量の野菜を摂るのであれば、有機野菜や緑黄色野菜など、食材自体がしっかりと栄養素を蓄えているものを食べるべき。ひとつの目安としては、**色味がはっきりしている野菜は、体にいい影響を及ぼしてくれるものが多い**です。逆にレタスなどは、見た目の量のわりに栄養価に乏しいので、それならキャベツを食べたほうが身体づくりにはプラスでしょう。

こうした心がけは、凝ろうと思えばとことん追求することができますし、緩めようと思えばあっという間に元の食生活に戻ってしまいます。

続けられなければ意味がないわけですから、**大切なのは脳にストレスを与えすぎないこと**だと私は考えています。日頃の食生活の中で、何をアレンジすれば低糖生活に向かうことができるのか。

たとえば、道を歩いていてふと喉の乾きを覚えたときに、目の前の自動販売機で何を買うか。それまでは欲するままにコーラを飲んでいたのであれば、麦茶や野菜ジュースに変えることから始めてみましょう。あるいは、どうしても甘いものが飲みたいなら、せめて果汁100%のフルーツジュースをセレクトすべき。私もトレーニングを終えた直後や、糖を摂取しなければ風邪をひいてしまいそうなときは、果汁100%のジュースを飲むようにしています。

まずは今の生活を細かく見直すことから始めてみませんか。

無理せず、毎日の食事から炭水化物の割合を少しずつ減らしていく

結局のところ、こうした食事改善は即効性が見込めるものではありませんから、ソフトランディングを心がけることで、しっかりと習慣づけることが重要です。無理をして三日坊主に終わってしまうくらいなら、**「全体として以前より炭水化物の摂取が2〜3割減った」という程度の成果を求めるほうが、**現実的といえるでしょう。

急激な変化に、脳はついてきてくれません。むしろ、そのストレスがリバウンドの元となってしまいます。無理をしている感覚をどこまで小さくできるかが、低糖生活

を続ける秘訣でしょう。

誰しも好物というのはあるもので、「カレーライスが食べたい」「ラーメンが食べたい」といった欲求を持つのは当たり前のこと。私にしても、そうした国民食を完全に生活から排除できているわけではありませんし、ときには子どものリクエストで近所のラーメン店に出かけることだってあります。

「ときには許す」。そんな姿勢がソフトランディングのコツです。最初から完璧にこなそうと頑張りすぎて、常に空腹感に耐えながら生活しなければならないようでは、そのうち参ってしまうでしょう。初めのうちは、少しずつ日々の献立から炭水化物を減らしていく程度の取り組み方でいいのではないでしょうか。

ただしその際、たとえば朝食と夕食で炭水化物を我慢する代わりに、昼食ではがっつりとラーメンを食べる、といったやり方ではなく、毎食の献立内容から、炭水化物のパーセンテージを少しずつ減らしていくことのほうが大切です。

体質とともに自ずと嗜好も変わる

こうした低糖を意識した取り組みは、自分が何をどのくらい食べているかを意識するようになるという、良い習慣にもつながります。

また、炭水化物を減らせば、その分お腹を満たすために副菜を多く摂ることになるでしょう。その際、よほど脂っこいものを摂らなければ、全体の栄養バランスの質も向上し、身体づくりにも健康にもプラスにはたらくはず。これも、私が低糖を推奨する理由のひとつです。

私自身、不思議なもので一定期間こうした食事を続け、体質が改善されるにつれて、自然にパフォーマンスを阻害するような食材に手が伸びなくなりました。脂の多いもの、塩分の強いもの、いわゆるジャンクフードなどなど。

たまにファストフードやコンビニ弁当を口にすると、以前ほど美味しく感じられなくなっている自分に気づかされます。これは自分の中にある種のセンサーが出来上がったためでしょう。コンディショニングに悪影響を与えるものを、身体が自然と受けつけなくなっているわけです。

単なるダイエット目的ではなく、スポーツや日常の活動で高いパフォーマンスを発揮したいという目的があるなら、栄養摂取には常にセンシティブであるべき。

重要なのは、前章で述べた抗酸化と低糖の両方を習慣づけることです。これらの要素は相互に作用し合いますから、糖の摂取量が少なく、アスタキサンチンなどの抗酸化物質が多い食材を積極的に口にしていれば、運動時のパフォーマンスにその成果は必ず返ってくるでしょう。

レース本番までの食事内容（私の場合）

私の場合、こうした低糖を意識した食事内容は日常的なものですが、それでもレース本番までの時期によって、少しずつ献立をアレンジしています。

たとえば、トレーニングのピークにある時期は、運動量が増える分、筋破壊が進んでいるわけですから、それをリカバリーするために良質のタンパク質を多めに食べるよう心がけます。

「良質のタンパク質」といわれても、一般には判断に迷うところでしょうが、これはそこに含まれるアミノ酸の割合で考えるといいでしょう。

タンパク質は消化の過程で、各種のアミノ酸に分解されます。アミノ酸には体内で合成することができない必須アミノ酸と、糖質や脂質から合成できる非必須アミノ酸の2種類があり、食事でカバーしたいのは当然前者ということになります。

この視点から考える**良質のタンパク質源、つまり体内で合成できないタンパク質は、大豆や卵、牛乳、肉類（牛・豚・鶏）、魚類など**。その意味では日本古来の和食は、こうした食材をバランス良く食べられるという意味で、非常に質が高いといえます。

レース当日が近づいてくると、疲労を抜くためトレーニングの量が減りはじめるので、自然に食事の摂取量も減ってきます。この時期は疲労回復を促すメニューを重視することになります。

ここで参考までに、私の平均的な食事内容を例としてご紹介しましょう。

レース本番までの食事内容（私の場合）

朝食 &
昼食の
モデル

・赤飯
・野菜の酢物
・玉焼き
・納豆
・コーンスープ
・ヨーグルト

朝食 &
昼食の
モデル

・山菜おこわ
・野菜の炒物
・サバの味噌煮
・玉ねぎ&卵焼き
・アボカド

ハードなトレーニング時の夕食

・カレー（ご飯少な目）
・鮭の切り身（五身）
・海鮮炒め、野菜ジュース

※８時間以上の長時間トレーニングや、とりわけ高強度のトレーニングの際のタンパク質多めのメニュー

中レベルのトレーニング時の夕食

・海苔巻き
・ウナギ＆ほうれん草
・カレー（ルーのみ）
・ピーナッツ
・イチゴ＆パイナップル

中レベルの
トレーニング
時の夕食

・ご飯(少な目)
・納豆
・餃子
・サンマ
・ネギの酢の物
・みそ汁
・いちご
・無糖質ビール

朝食
&
夕食

・ご飯（少な目）
・納豆
・みそ汁
・モヤシ
・イワシの味噌煮
・いちごスムージー

忙しい時の
昼食
（コンビニ）

・葉づつみ寿司
・野菜のポトフ

第3章

〝持久脳〟のつくり方

心と身体の合致が高いパフォーマンスを生む

これはあらゆるスポーツにおいていえることですが、どれだけフィジカルを鍛えても、メンタルが伴っていなければ、理想的な結果は得られません。まして、トレイルランニングのように長時間、長距離を戦う競技であれば、なおさらでしょう。

私がそれを実感したのは、競技と出会うよりもはるか前のことでした。話は幼少期にまで遡ります。

故郷・群馬県で小学校に入学した際、私はクラスで唯一、自分の名前が書けない子どもでした。

これは農業に勤しむ両親が毎日忙しく、一般家庭では自然に行われるであろう家庭内教育が行き届かなかったためです。やむを得ないことではあるのですが、これによってクラスメートたちの嘲笑の的となった私は、どんどん自信を失っていくことに。困ったことに運動も苦手だった私は、自ずと引っ込み思案な性格になってしまいました。

そんな私ですが、小学校3年生のときに、ひとつの転機が訪れます。それはある冬の朝礼の後のことでした。

私の学校では、全校生徒が一斉に縄跳びをとぶイベントがありました。つっかえてしまった人からその場に座り、誰が最後までとび続けられるかを競うものです。

この縄跳び大会で私は、ただただ無心に、必死に縄をとび続けていたところ、いつの間にか周りの大半がすでに腰を下ろし、期せずして優勝争いに加わっていることに気がつきました。

クラスメートの中には、格下だと思っていた私に負けたことが悔しかったのか、

「なんでお前が」とか、「早くひっかかれ！」などと野次をとばす人もいましたが、珍しく自分が注目を集めていることに気を良くした私は、とにかく懸命にとび続けます。

もともと体力に秀でているわけではありませんから、腕はしびれ、足元はふらふらの状態でしたが、歯を食いしばってとび続けた結果、私は優勝を果たします。たかが縄跳び大会ではありますが、これはそれまでの人生で初めて、他人より優位に立てた貴重な瞬間でした。

……もっとも、実はこのとき、頑張りすぎた私はとび終えた後に失神してしまい、優勝の瞬間についてはあまり覚えていないというオチがつくのですが。

ともあれ、人生で初めて自信を与えてもらったこの体験。幼心におぼろげながら感じたのは、こんな自分でも強い気持ちで頑張れば、ちゃんと結果を出すことができるということです。これはつまり、トップアスリートたちが総じて実感している、心と体が高いレベルで一致することが、高いパフォーマンスを生む条件であることを、身をもって学んだ出来事だったわけです。

もちろん、縄跳び大会で優勝したくらいで、生活が一変することはありません。しかし、やがて時を経て、後にこの体験が意味するものが、トレイルランナーとして非常に大きな意味を持つこととなりました。

山の中を一昼夜走り続けるために必要な精神力。また、そのための身体をつくりあげるためにストイックな生活を維持する強い意思。トレイルランニングの世界で結果を出すためには、「疲れない身体」だけでなく、「疲れない心」を養うのも同じくらい大切なことだからです。

心も筋トレのように鍛えることができる

何事も求める結果を出すためには、続けることが大切。それも、なるべく高いレベルの鍛錬を地道に続けることができなければ、目標は達成できません。

ところが、早稲田大学の競走部に所属していた頃の私は、当時指導を受けていた瀬古利彦さんからいつも、「お前は本当に根性がないな」と言われていました。いわく、トレーニングをやり切れていない、というのが瀬古さんの私への指摘でした。

もちろん、手を抜いていたつもりはないのですが、少なくとも瀬古さんの目からは、私は他の部員と比べて、今ひとつ自分を追い込めていない選手のように見えていたようです。

だから、今こうしてトレイルランニングという過酷な競技の世界で結果を出せるようになったことを、当時の部員たちはきっと不思議に思っていることでしょう。

「鈍感力」を養うことが心のスタミナにつながる

なぜ、私は変わることができたのか。今振り返ってみて、その理由は大きく2つ考えられます。

ひとつには、本当にやりたいと思える、心から楽しめるものに出会えたこと。そしてもうひとつは、苦しみに対して鈍感になれたこと。

この2つの要因は実はつながっていて、好きなことだからこそ辛さに対して鈍感になれるし、苦しさから目を背けることができるのだと思います。

周囲の期待に追いつかなければと、急き立てられるように取り組んでいた陸上競技では、こうした感覚は得られませんでした。好きなことに能動的に挑んでいるからこそ、鈍感力が発揮される。逆に、嫌々やらされていることに対しては皆、ちょっとしたストレスですぐに立ち止まってしまうものです。

こうした鈍感力を養うには、経験を積むしかありません。

私の場合でいえば、陸上競技をやっていた頃の挫折経験があったからこそ、トレイルランニングに心から没頭できているのだと実感させられます。

ときには柳のような心で、苦しみやストレスをしなやかに受け流すことも大切ですが、まだそうしたスキルを持っていなかった学生時代に、私なりに辛い思いを何度も重ねた過去を覚えているからこそ、トレイルランニングに打ち込む今の自分を大切にしたい。そう思えるのです。

そして、この心境を分析すると、心もまた、肉体と同じように鍛えることができるという結論に至ります。

心だって、後天的に鍛えることができる

筋力やスタミナというのは、適切なトレーニングを積むことで伸ばすことができます。では、メンタルの部分についてはどうか。

精神力の強さ、あるいは我慢強さというのは、ある程度持って生まれた性格が大きいと思う人が多いかもしれません。

しかし、私自身のこれまでの経験に鑑みれば、心もまた、筋肉などと同じように鍛えることは可能です。学生時代には「心が弱い」と評価されていた私が、こうしてトレイルランニングで世界トップクラスの記録を残せるまでになったことが、何よりの証明でしょう。

そして、ここでお伝えしたいのは、〝心だって鍛えられる〟という視点を持つこと自体が大切であるということです。

一般的な生活を送っている限りにおいて、人はなかなか「心を鍛える」という発想

を持てるものではありません。むしろ、日々の仕事や私生活の中では、直面するストレスをいかにいなし、いかにそれを感じないようにするか、という方向に向かいがちなはず。

もちろん、それは悪いことではありません。何をやってもうまくいかない時期に、「どうにかなるさ」と気持ちを楽に構えることで視界がひらけることもあるでしょうし、自分の力では解決できない難題を前にした際、潔く他者の力を借りることで切りひらかれる道もあるでしょう。

しかし、ことスポーツの世界においては、心のリミッターをはずす努力をする姿勢はやはり重要です。

ストレスと向き合う習慣を身につける

人の肉体が発揮するパフォーマンスには限界値があり、そこに近づくほど辛く、苦しい思いを強いられることになります。そこで、限界の手前で「もう駄目だ」と力を緩めてしまえば、良い記録は望めません。アスリートが自己ベストを更新する裏側には、限界に肉薄し、どうにかそれを超えてやろうとギリギリまで頑張る精神力が必ずひそんでいます。

私自身、トレイルランニングに出会ってから、さまざまなレースに出場する中で、「10年前なら耐えられなかっただろうな」と感じる局面が少なくありません。あるいは、限界寸前の状態に陥った際に、なんとかそれを乗り越えて良い結果を出すことができたときには、次のレースではさらにその次の限界ラインを目指して頑張ることができます。

これはつまり、レースで限界まで頑張る経験をくり返すことで自分の心が鍛えられ、成長している証しでしょう。

我慢した経験は、必ず財産になる。そしてそれこそが、心を鍛える唯一の方法であると私は考えています。

これは、あえてストレスと向き合う習慣を身につけること、と言いかえてもいいでしょう。

自分にとって嫌な出来事や辛い現実に直面したときには、そこから目をそらさず、じっくりと向き合ってみること。すると、おぼろげながらでも原因や自分に不足しているもの、さらには解決のためのヒントが見えてくるものです。

そうなればしめたもので、次にまた同様の難題に行き当たったときでも、もう以前ほどストレスを感じなくなっている自分に気づくでしょう。

人は未曾有のダメージには弱くても、すでに知っているレベルのダメージには、わりと耐えられるもの。今その苦しみとしっかり向き合っておけば、次はもう、同じレベルの苦しみに心を折られることはありません。その意味で、ストレスを感じたときには、それをチャンスと捉える視点を持つべき。

これはスポーツのみならず、日常生活のあらゆる場面に共通していえることではないでしょうか。

挫折経験を持つ者は強い

我慢の数だけ、人は我慢強くなる。競技生活を通してそれを体験的に学んできた私ですが、その一方で、自分自身の過去を振り返ってみたとき、大きな挫折経験が後に強い原動力となることも実感させられます。

今でこそトレイルランナーとしてある程度実績を残している私ですが、プロローグでも触れたように、今日までの競技生活は、決して順風満帆ではありませんでした。

むしろ、20代後半になって目覚めたこの競技には、苦労と困難がつきまとい、そのつど「なんとかなるはずだ」「もっと速くなるにはどうすればいいか」と、強い探求心を漲《みなぎ》らせて乗り越えてきました。

その原動力となったものがまさに、ここまでの半生で重ねてきた挫折の数々だったと感じるのです。

勉強も運動もできない小学校時代を終え中学に進学した私は、野球部に入部することに。これは単に「父親がジャイアンツファンだったから」で、そんな動機で上達するはずもなく、球拾いばかりの日々に嫌気がさし、2年のときにあっさり退部を決意します。

しかし、私の通っていた中学校では全校生徒に運動部への所属を義務づけていたため、代わりの部活を見つけなければなりません。そこで何となく目が向いたのが、陸上部でした。とくに走ることが好きだったわけではなく、ただ、野球部が練習しているとき、そのグラウンドの周りをいつものびのびと走っている彼らの姿が、とても楽しそうに思えたのです。

そんな気軽な動機にもかかわらず、意外と長距離走は肌に合っていたようで、3年生のときの大会で私は、3000メートル種目で県大会2位という結果を残します。これには記録的な炎天下のなか有力選手が次々に失速していったという裏事情もあったのですが、自信をつけるには十分過ぎる成績でした。

単純な私はそこで、「高校では陸上に本腰を入れ、名を挙げよう」と色気を出すわけですが、今にして思えばこの時点で「自信」は「過信」に代わっていたのでしょう。実績ほどの実力が備わっていない自覚がありながらも、先輩部員たちが「県2位のすごいヤツが入ってきたぞ」と噂しているのを気分よく聞いていました。

どうにか期待に実力を追いつかせなければと、私は入部早々から必死に先輩たちと同じメニューをこなします。しかし、まだ体の出来上がっていない新入部員に、それはやはり無謀なことでした。オーバーワークが祟り、高校1年の秋に坐骨神経痛を発症。これが長びき、練習に復帰してはまた再発のくり返し。

その結果、長期の治療とリハビリが必要となり、高校3年間はまったくといっていいほど結果を出せずに終わりました。周囲が発する「期待はずれだったな」という雰囲気に、内心で忸怩《じくじ》たる思いでいたものです。

そこで私は、大学でこそ花ひらきたいと強い決意を持ち、箱根駅伝に目標を設定。それも、どうせ箱根で走るならと、名門・早稲田大学の競走部を目指します。

しかし、決して優等生ではありませんでしたから、結果的に早大合格を果たすまでに2浪を費やすことに。こうなると、志望校を変更してでも競技生活を優先すべきだった気もしますが、当時の私は、自分が早大競走部で走るイメージだけを励みに、辛い勉強を頑張っていたのです。

そうして悲願の早大競走部入部を果たしたものの、2年間のブランクがあるため、まるで練習についていけません。国内トップレベルの部活だから当然ですが、これでは花ひらかせようにも、種さえ蒔けないまま、気がついたら4年間を終えていることにもなりかねない。

大いに焦った私は、「人の何倍も練習するしかない」と考え、部活が休みの日もとにかく走り続けます。ときには朝30キロ、夜30キロと極端なトレーニングを自らに課すことも珍しくありませんでした。

すると努力は実るもので、強豪ぞろいのメンバーの中、大学2年時にAチーム（いわゆる一軍。箱根駅伝の正メンバー候補）入りを果たしたのです。

期待はずれと囁かれた高校時代の鬱憤を晴らすときが、ついに来た。そう、内心で燃え上がっていた私は、箱根駅伝で走る自分の姿を想像しながら、いっそうのトレーニングに明け暮れます。

ところが、好事魔多しとはこのことか。駅伝の予選を目前に控えた時期に、私は再び坐骨神経痛を発症してしまうのです。

当然、走ることはできず、治療は続けてもとても第一線に戻れる目処は立ちません。リハビリを続けながらあらゆる方法を探り、必死に復帰のための努力をしましたが、次第に心を病んでいく自分を感じ、最終的には退部を決断。このときほど、「自分は結局、何をやっても駄目なんだ」と強く感じたことはありません。

私が4年のときに早大は箱根駅伝で総合優勝を果たしましたが、私にとってそれは喜ばしくも悔しい出来事でした。当時の私はすっかり自暴自棄に陥り、見ようによってては酒浸りの世捨て人のような日々を送っていたのです。もはや、自分に対する期待や自信は、完全に霧散していました。

こうした挫折体験を経たからこそ、やがてトレイルランニングと出会い、再び強い選手になりたいとの意欲を取り戻した際に、以前よりもさらに熱心に、よりストイックに競技に挑む姿勢が生まれたのは間違いありません。そこにはさらに、年齢的なハンディキャップを補おうという気持ちもはたらいているでしょう。

自分にとって初めての成功体験を与えてくれた陸上競技で夢破れたことは、心に大きな傷を残しました。でも、**敗北を知る者ならではの強さ**というのは必ずあります。

何をやっても認められなかった少年時代、ことごとく病気に行く手を阻まれた学生時代の経験があったおかげで、私は今日、慎重かつ実直に前へ進む努力を惜しまずにいられます。

結果的にそれが、さまざまな角度から「持久力の正体は何か」「持久力を向上させる効果的なトレーニング法は何か」を深く追求する日々につながっているわけです。

心の持久力＝「持久脳」を育む

辛さや苦しみを伴うジャンルほど、心にも持久力が必要です。過去に挫折した経験、虐げられてきた経験を持つ人であれば、それを反骨心に変えることで、原動力にすることができます。

何かをやり続け、成し遂げられる心のスタミナを、私は「持久脳」と呼んでいます。これはまさに、過去の経験を肥やしに成長するものといえるでしょう。

オセロゲームにたとえれば、もし盤上が、一時的に相手の色に染まっていたとして

も、きっかけや戦略ひとつで、パタパタと一気に自分の色に変えることは可能です。その意味で、人生で直面するアンラッキーとはむしろラッキーの始まりであり、その視点を持つことが持久脳を養う第一歩です。

もし、これまでの人生でろくなことがなかったと憂いていたり、会社で嫌なことがあったりした場合には、それも決して無駄な経験ではないことを知ってください。

仮に私が、高校時代からランナーとして華々しく活躍していたら、大学時代にあれほどストイックにトレーニングを積むこともなかったでしょうし、そもそも箱根駅伝を目指すことなど考えもしなかったでしょう。そうなると、大学卒業と同時にどこかの企業に勤め、現状に満足して新たな生きがいを見出すことなく、ときに上司や家庭の愚痴をこぼしながら生活を送っていたのかもしれません。

そう思えば、50歳を前にいまだウルトラディスタンスに挑戦し続ける今の人生が、私はまんざらでもないのです。むしろ、学生時代の挫折の数々があったからこそ、今もこうして走っていられるのだ、と。

脳にも効果が証明されたアスタキサンチン

さて、「持久脳」というテーマについて、そうした精神論的な解説で終えるつもりはありません。

ロングディスタンス、ウルトラディスタンスのレースでは、フィジカルだけでなく、脳のコンディションを長く良好に保つことが、勝負を分けます。そこで、より科学的なアプローチも必要でしょう。

ロングディスタンスのレースでは、後半に差しかかると、誰もが心身ともにギリギリの状態に追いつめられます。なにしろ人によっては、ゴール前の極限状態で幻覚を見ることだって珍しくありません。私自身もこれは何度も経験しています。

そうした負担がかかるほど、人の集中力や判断力は欠落するもの。トレイルランニングはただでさえ、その場面に相応しい防寒具のセレクトや、ルートを示すマーキングテープの察知など、常に高い集中力が求められる競技です。もし、深夜の山中でコースを間違えてしまえば、完走どころか遭難することだってあるかもしれません。

また、判断力が著しく低下すると、呼吸すらまともに行えなくなってしまうこともあります。息を吸って吐くという、普段当たり前のようにこなしている運動が、正しいペースで実行できなくなり、結果として酸欠に陥り、無駄に体力を消耗してしまうのです。

こうなると人のメンタルは、どうしても折れやすくなってしまいます。そしてトレイルランニングにおいて心が折れることは、リタイアを意味します。


そこで、心身に高い負荷がかかっている状態であっても、脳のはたらきを高いレベルに保てる能力を磨くこと。それが「持久脳を育む」という取り組みです。

脳もまた、身体の他の部位と同様に、さまざまな活動を行う器官です。そのため、老化によってそのはたらきが衰えるのは自然の流れ。すると当然、若い頃よりも疲れやすく、消耗しやすくなってしまいます。

スポーツを長く続け、高いパフォーマンスを発揮しようと思うなら、脳の衰えを少しでも防ぎ、できることならその機能を回復させる努力が必要。前章でご紹介したアスタキサンチンは、実はその点でも有利にはたらくことが、実験によって証明されています。

一昨年、筑波大学の研究グループが行ったマウス実験では、アスタキサンチンの摂取によって脳の海馬の機能が向上し、学習能力や記憶能力が高まるとのデータが得られたのです。海馬とは、記憶を司るとされる脳内の器官です。

この実験では、4つのグループに分けられたマウスに、アスタキサンチンをそれぞれ「0%」「0・02%」「0・1%」「0・5%」と濃度を変えて与えたところ、「0・1%」「0・5%」のマウスでは海馬の細胞数が増加したばかりか、「0・5%」のマウスには新たな神経細胞の発生も確認されたのだそう。

これまでも、脳を損傷したマウスにアスタキサンチンを与えると、神経の炎症や死滅を防ぐ神経保護効果があることはわかっていましたが、今回は健康体のマウスに投与することで、脳の能力アップが確認された形です。

また、同実験ではマウスをゴールに向かって泳がせる「モリス水迷路」という手法で、記憶能力の変化も測定されています。その結果、アスタキサンチンを摂取していない「0％」のマウスと、「0・5％」のマウスでは、後者のマウスに学習能力と記憶能力の向上が明確に確認されたとのこと。

こうした結果は、脳にも抗酸化の作用は有用であり、高いパフォーマンスを長く維持したい私たちにとって、希望を与えてくれるものといえるでしょう。

心のスイッチをオフにする時間をとる

肉体疲労に比べ、脳の疲労というのはなかなか自覚しにくいものです。気をつけなければならないのは、仕事や私生活でストレスを抱え続けていると、それは脳にとって疲労となり、やがて心身の疲労につながってしまうということ。

せっかく健康を保つためにランニングを楽しんでいるのに、ストレスからコンディションが冴えず、それによって肉体への負荷が増し、疲れが抜けず仕事に支障をきたす……といった悪循環は、誰にでもあり得ることです。その意味で、心と肉体は非常に密接な関係にあるといえるでしょう。

逆に、何か嬉しいことがあり、気分がハイになっているときにトレーニングに臨むと、自分がグッドコンディションにあると勘違いして、身体に負荷を与えすぎてしまうことも往々にしてありがちです。それが引き金となってオーバーワークに陥るようでは、本末転倒と言わざるを得ません。

心にもやもやしたものを抱えているときに、すべてを忘れて体を動かすことでリフレッシュする効果もあるでしょう。ただし、そのトレーニングがリフレッシュ効果を生むか、あるいはオーバーワークにつながるのかは、ひとえに感じている疲労の種類によると私は考えています。

どうにも脳が冴えず、体が重く感じてしまう日というのが誰しもあるでしょう。そんなときは、自分が今感じている疲労の原因が何なのかを、よく思い返してみてください。

日々の残業疲れの蓄積なのか。あるいは、1週間前に出場したマラソン大会の疲労の残りなのか。しっかりと疲労の分析を行ったうえで、その日のトレーニング内容を判断する視点は大切です。

ため込んだ疲れから脳を解放させる方法

脳が身体と同様に疲労をため込むものであるなら、上手に休ませてやらなければなりません。

しかし、たとえ寝そべって身体を休めていたとしても、私の場合であれば、ついトレーニングやレースのことをあれこれ考えてしまうことも多く、これはなかなか難しいことです。社会人の皆さんも、食事中、あるいはベッドの中でも仕事のことを考えてしまうことだってあるのではないでしょうか。

限られた休息時間のなかで、効率的に、上手に脳を休ませるためには、ちょっとしたアイデアが必要でしょう。

そこで私がお勧めしたいのは、**疲労の根源を分析し、それと真逆の行動をとる**ことです。

私の場合、ウルトラディスタンスのレースで山道を走り続けた後には、体はもちろん、脳を休めるために、意図的に山から離れる機会を設けるよう努めています。それも、ただ山から距離を置くのではなく、できるだけ反対の景色の中に身を置くのです。山の反対とはつまり、海です。

これはトレイルランナーの条件反射のようなものかもしれませんが、山を見ているとそれだけで、〝走らなければ〟と心身が構えてしまいます。実際に走り出すことはないにしても、心のスイッチがなかなか切れず、気が休まらないのです。その点、山とは真逆の海岸の風景をぼんやり眺めていれば、身も心もしっかりリラックスできるわけです。

同じ理由から、釣り堀もよく脳の休暇に利用しています。水面を眺めながらのんびりと釣り糸を垂らしていると、心が穏やかに休まるのを実感します。

そういった対象物との〝真逆〟を見つけにくい場合は、せめてまったく異なる世界に目を向ける工夫をするといいのではないでしょうか。

私の例でいえば、海に行く時間がとれなかったり、天気が悪かったりする場合は、好きな歴史小説に没頭するなど、山やランニングを想起させない世界に入り込むようにしています。

四六時中、競技やトレーニングについて考えを巡らせることを努力と捉える向きもありますが、若い頃であればともかく、脳を休ませることは戦略のひとつ。

もし、皆さんが仕事やスポーツで、思うようなパフォーマンスを発揮できずに停滞していたりしたら、もしかすると肉体ではなく脳のコンディショニングに理由があるのかもしれません。

大切なのは、脳も疲労するという現実を知ることと、それを休ませて回復させる視点を持つことなのです。

脳にもコンディショニングが不可欠

大一番を前に体調を整えるのと同様に、脳にもコンディショニングの視点が必要です。たとえば栄養面。

脳も当然、活動するうえでエネルギーを消費しています。よく言われるように、脳は糖をエネルギー源とする器官ですから、体脂肪燃焼効率を上げるために低糖を意識した食事を中心とした生活を送っていると、ときに糖が不足してしまうことがあります。低糖を優先しすぎるあまり、判断力が犠牲になってしまったり、あるいは日常でケアレスミスが多くなったりしては、パフォーマンスの低下につながります。これでは健全な競技生活とはいえません。

脳にちゃんと仕事をさせるためには、適宜、栄養補給を心がける必要があります。

私の場合で言いますと、講演やトークイベントなど、人前でお話をさせていただく機会がときどきあるのですが、そうした場で自分の体験や理論を語るというのは、いわば頭脳労働の一種です。そこで、ただでさえ糖の摂取が少ないうえに、トレーニングの疲労のピークと重なったりすると、どうしても頭のパフォーマンスが低下してしまいます。

自分がやってきたことですから、それでもある程度はスムーズに語ることはできますが、どれだけ理屈を並べ、美辞麗句でメッセージを彩ったところで、聞き手には「どうも覇気がないな」と伝わってしまうものです。

そこで、そうしたイベントの日には、あえて糖を多めに摂取したり、カフェインを摂ってテンションを高めるなどの工夫をしています。

仮眠のすすめ

また、睡眠も脳のパフォーマンスを左右する大切な要素です。あくまで個人的な経験からいえば、どうにもモチベーションが上がらないときというのは、たいてい睡眠不足に原因があることを私は実感しています。

睡眠には単に疲労を回復させる効果だけでなく、脳や心をリフレッシュするはたらきがあります。よく、「そんなこと、一晩寝てしまえば忘れるよ」といった表現が使われますが、これは言い得て妙でしょう。

いまいち頭が冴えない。モチベーションが下がっている。一向に集中力が高まらない。そんなときには、5分でも10分でも昼寝を挟むことをお勧めします。

車を運転する人であれば、どうしようもない眠気に襲われた際、サービスエリアなどで短い仮眠をとることもあるでしょう。たとえそれがほんの15分程度の睡眠であっても、見違えるように頭が冴える経験があるのではないでしょうか。

本当に激しい疲労や睡魔におそわれたときは、トイレの便座に数分間腰をかけてうとうとするだけでも、かなり違うはずです。こうした仮眠を上手に取り入れることで、脳のコンディションをコントロールすることができます。

なお、私の親友のフランス人選手は、トレーニングの合間の空き時間に、よく仮眠をとっています。ただし、どれほど疲れていても、どれほど眠くても30分以上の睡眠はとらないのが彼のルール。なぜなら、それ以上眠ってしまうと、夜の睡眠に差し支えるからだそう。ちなみに彼は２００９年のＵＴＭＢで私と2位の座を互いに争った、トレイルランニング界のレジェンドです。

彼いわく、「夜眠れなくなってしまうと、かえって疲労回復効果が落ちてしまう」。このあたりは個人差もあるのでしょうが、彼の場合、適切な睡眠サイクルを守りながら、昼寝によって一時的な回復を見込んでいるわけです。

フィジカルと脳の持久力アップで「後半に強い身体」に

さて、本章で取り上げてきたように、過去の挫折や経験を原動力とし、一方で抗酸化やコンディショニングの工夫によって脳のパフォーマンスを高めることが、「持久脳」を育む秘訣となります。

これは私自身が長く競技生活を送るうえで、フィジカル面のトレーニングと共に意識してきたことであり、実際に確かな効果を実感していることでもあります。

それによって何が起こったかといえば、ＵＴＭＢをはじめとする世界レベルの大

会で、明確な結果の向上が見られたことがひとつ。しかし、体感的にはそれよりも大きな変化を私は感じています。それは、明らかにレース後半に強くなったことです。体脂肪を効率的にエネルギーに変えられる体質をつくりあげたことが最大の理由ですが、持久脳を育む取り組みの効果も随所に感じられます。

たとえば、先にも少し述べたように、160キロの山道を一昼夜かけて走るようなレースでは、後半に差しかかると体も脳も限界を迎え、ときに幻覚や幻聴が現れることがあります。

私がたびたび経験しているのは、夜道を囲む樹木に、般若心経のような文字がびっしりと埋め尽くされていたり、樹木そのものが襲いかかってくるゴーストのように見えたりする幻覚。

そのときの苦しい心理を反映しているからなのか、基本的にホラーのようなネガティブな幻覚ばかりなのが興味深いところですが、これも脳がキャパシティオーバーに陥っているから起こる現象です。つまり、無意識に苦しみから逃れようと、レースから自分を降りさせるような幻覚が見えているわけです。

郵便はがき

料金受取人払郵便

麹町局承認

2968

差出有効期間
平成30年8月9日
(切手不要)

1 0 2 - 8 7 9 0

2 3 2

東京都千代田区平河町2－16－1
平河町森タワー11F

Discover
ディスカヴァー 行

お買い求めいただいた書籍に関連するディスカヴァーの本

働く人のための最強の休息法

猪俣武範　1500円(税抜)

累計10万部突破の「最強の勉強法」著者最新作！睡眠、食事、運動+姿勢、アイケア、脳科学etc…ビジネスパーソンのための“戦略的休息の技術”47。

食べる時間を変えれば健康になる
時間栄養学入門

古谷彰子 著　柴田重信 監修　1000円(税抜)

健康とダイエットのカギは、「何を食べるか」よりも「いつ食べるか」だった！気鋭の研究者が教える、時間栄養学と食事の関係。

99%の人がしていないたった1%のメンタルのコツ

河野英太郎　田中ウルヴェ京　1500円(税抜)

しなやかなメンタルはアスリートに学べ!ビジネスもスポーツも心の使い方は同じです。最高のパフォーマンスを発揮するために今すぐ使えるメンタルのコツ、教えます。

夢を喜びに変える　自超力

松田丈志　久世由美子　1400円(税抜)

4度のオリンピックで4つのメダルを獲得した元競泳選手の松田丈志が、4歳から彼を育てた師・久世コーチとともに、28年の選手生活で身につけた「自分を超えるチカラ」を伝授します。

ディスカヴァー会員募集中

特典
- 会員限定セールのご案内
- イベント優先申込み
- サイト限定アイテムの購入
- お得で役立つ情報満載の会員限定メルマガ「Discover Pick Up」

詳しくはウェブサイトから!
http://www.d21.co.jp
ツイッター @discover21
Facebook公式ページ
https://www.facebook.com/Discover21jp

イベント情報を知りたい方は
裏面にメールアドレスをお書きください。

2228　日常をポジティブに変える 究極の持久力　愛読者カード

◆ 本書をお求めいただきありがとうございます。ご返信いただいた方の中から、抽選で毎月５名様に**オリジナル賞品をプレゼント！**
◆ **メールアドレスをご記入いただいた方には、**新刊情報やイベント情報のメールマガジンをお届けいたします。

フリガナ お名前	男 女	西暦　　年　月　日生　歳
E-mail　　　　@		
ご住所　（〒　　－　　） 都道府県　　市区郡 電話　　（　　）		
ご職業　1 会社員　2 公務員　3 自営業　4 経営者 5 専業主婦・主夫 6 学生（小・中・高・大・その他）7 パート・アルバイト　8 その他（　　）		
本書をどこで購入されましたか？　書店名：		
本書についてのご意見・ご感想をおきかせください ご意見ご感想は小社のWebサイトからも送信いただけます。http://www.d21.co.jp/contact/personal ご感想を匿名で広告等に掲載させていただくことがございます。ご了承ください。 なお、いただいた情報が上記の小社の目的以外に使用されることはありません。		

このハガキで小社の書籍をご注文いただけます。
・**個人の方：**ご注文頂いた書籍は、ブックサービスより２週間前後でお届けいたします。
代金は**「税込価格＋手数料(305円)」**をお届けの際にお支払いください。
（手数料は予告なく改定されることがあります）
・**法人の方：**30冊以上で特別割引をご用意しております。お電話でお問い合わせください。

◇**ご注文**はこちらにお願いします◇

ご注文の書籍名	本体価格	冊数

電話：03-3237-8321　　FAX：03-3237-8323　　URL：http://www.d21.co.jp

ところが、抗酸化に取り組むようになってから、幻覚が現れるにしても、ネガティブな幻覚が見えることがなくなりました。

あるとすれば逆に、周囲の木々には自分を応援してくれるようなメッセージが書かれているように見えたり、突然山中に二十数年前の出会った頃の姿の妻が現れて応援してくれるかのような幻覚がやってきたりなど、私にとって優位にはたらくような内容に変わっているのです。これは、脳の余裕が深層心理に表れているからこその現象に思えてなりません。

脳のパフォーマンスは可視化しにくいため、トレーニング計画が立てにくい側面があります。本章でご紹介しているノウハウも、私が長年の経験から導き出した手法の一例に過ぎず、誰にでも当てはまるものではないのかもしれません。

ただし、繰り返しになりますが、メンタルは自分の意思と取り組みによって鍛えられるもの。これは間違いのない事実です。

第4章

本番力をつける

追い込まれた状況を徹底的にシミュレートする

勝負というのは何事も、「事前の準備」と「本番力」という2つの要因に左右されるとよくいわれます。

前章までに述べてきたトレーニング法や、抗酸化や低糖といった体質改善への取り組みは前者の準備段階のメソッドであり、これを万全にして初めて舞台に上がる支度が整うわけです。

しかし、そうした事前準備が万全にこなせたとしても、肝心の本番で蓄えた力を発

揮できなければ意味がありません。せっかく養った持久力も、フルに活用できなければ宝の持ち腐れとなってしまいます。

そこで、これまでのレース経験から感じ得た、私なりの勝負に勝つ強いアスリートの条件があります。それは、競技を問わず**全体の「3分の2から先」の世界を、リアルにイメージできる**ことです。

3分の2から先とはつまり、100マイル（160キロ）を走るトレイルランニングでいえば、100キロを越えた先の状態を、どれだけ細かく想像することができるかどうか、です。

実際のレースでは、スタート時にどれほど好調であっても、後半に差しかかると脚はガクガク、頭もぼんやり、まさに全身が悲鳴を上げる過酷な状態に陥るのが常。トレイルランナーはいつでも、ギリギリの極限状態まで追い込まれながら走っています。

それがどれほどの苦しみなのかは、体験した人にしかわからないでしょう。だからこそ、トレイルランニングは初心者に厳しいレースなのです。
しかし、そうした後半の極限状態を事前にシミュレートできていれば、少なくとも想定外の事態に直面して戸惑うことはないはず。何より、後半から終盤にかけての、最も辛い時間帯を正確かつリアルに想像できていれば、それを乗り越えるためにどのような準備をすればいいのかイメージできます。**勝つためのトレーニングとは、本来そういうものであるはずなのです。**

経験を積めば積むほど、その精度は上がります。というよりも、一つひとつのレースを経験として財産にするためには、ゴールした後に「ああ疲れた」で終わるのではなく、できるかぎり細かくプロセスを振り返ってみるべきでしょう。

・終盤に差しかかったとき、自分の身体がどんな状態に陥っていたか？
・どのようなコースをどのくらいのペースで走り、それは果たして適切だったのかどうか？
・自分はレース中、何を予想外と捉え、その瞬間に何を考えていたのか？

振り返って認識すべきポイントは、ひとつのレースの中に山積しているはず。そうした経験を積み重ねていくと、そのうち自分に何が足りていないのかを考えながら走れるようにもなるでしょう。

たとえば私の場合、2007年に初めてUTMBに挑んだ際には、レースの後半、地面を蹴るたびに両脚の筋繊維がズブズブと潰れていくような感覚を覚え、これに衝撃を受けました。ウルトラディスタンスとは、これほどまでに過酷で厳しいものなのか、と。

実際にその後、しばらく満足に動けなくなるほどのダメージを被るのですが、この経験を参考に、以降は脚の耐久力を上げるようなトレーニングを多くこなすようになりました。後半の状況に耐えられる、強い脚が必要だと思い知らされたからです。

このように、**振り返りによって課題をあぶりだし、その解決策を練る**ことで、アスリートは強くなっていくのです。

また、レース後半の状況を再現するために、1日目、2日目と、とことん自分を追い込む負荷の高いトレーニングをこなすという手法も編み出しました。あえてボロボロの状態をつくりだしたうえで3日目のトレーニングに臨み、レース終盤の走りを再現するわけです。これを重ねることで、本番での想定外をどんどん潰すことができます。

私の実感として、100マイルの3分の2から先の世界では、「もっと強いフィジカルがあれば」とか、「最後にものを言うのは精神力だ」といった、心と身体の区別など存在しません。ただただ、全身全霊で前へ進まなければいけないというがむしゃらな状況で、この不思議なコンディションをあらかじめしっかりとシミュレートしておくことがUTMBで勝つ秘訣である――私はそのように考えて、実践するようにしています。

男子マラソンの日本代表として活躍した川内優輝さんは、100キロ走をトレーニングに組み込んでいたことで知られています。

本番の2倍以上の距離を練習に取り入れることは、マラソンランナーとしては異例のメニュー。一般的には、ケガやオーバーワークのリスクだけが増え、おまけにスピードが落ちる懸念のあるロングディスタンスのトレーニングは、敬遠されるものです。

それでも彼がこうしたメニューをあえて取り入れていたのは、レース本番で心身共に極限まで追い込まれた状態をシミュレートしておきたかったからではないでしょうか。川内さんの実績に鑑みれば、そうした取り組みがちゃんと実を結んでいることがおわかりいただけるはずです。

心の中にメトロノームを持つ

「走っているときはいつも何を考えているのですか？」

これは私に限らず、ランナーがよく聞かれる質問のひとつではないでしょうか。

その答えは人によっても、そして局面によっても異なります。私の場合、たとえば呼吸は適切なタイミングでとれているか、そのときの気温に対して防寒対策は万全かどうかなど、少しでも体力を損なわないためのチェックを頭の中で行っていることが多いような気がします。

ただ、こうした思考は必要に応じて行うものであり、20時間以上の長丁場を走り続けるうえで、私が常に意識しているのはまったく別のこと。それは、心の中にメトロノームをイメージすることです。**まるで自分自身がメトロノームになったかのように、カチ・カチ・カチ・カチ……と、一定のリズムを頭の中で刻み続けるのです。**

これにはリズムを乱さず維持する意味もありますが、それ以上に、自分が止めるまで永遠に動き続ける存在と同化するイメージを持つことに重点を置いています。長い距離を走る行動をこうして単純化させることで、〝自分は半永久的に走り続けられるんだ〟と言い聞かせているのです。

そこで私は、リアルなメトロノームをイメージする訓練のひとつとして、普段から自室にメトロノームを置き、暇さえあればカチ・カチ・カチ……と、その動きを頭に叩き込むようにしているほどです。

もちろん、メトロノームである必要はありません。自分にとって最も単純化しやすい他の何かを見つけられれば、それが最適でしょう。以前は私も、好きな音楽を頭の中でプレイしてみるなど、どうすればリズムと動きを単純化できるか、試行錯誤してきた経緯があります。

「このレースが終わったら、美味しいものを食べに行こう」などと、自分へのご褒美を思い浮かべてモチベーションにする手法を試したこともありますが、これは結局、あれもいいこれもいいと脳が考えすぎて、かえって疲労感が増すので止めました。脳も身体の器官ですから、動かしすぎると酸素やエネルギーを消費してしまいます。


こうした単純化の手法は、トレーニングにおいても有効です。その際、私はメトロノームだけでなく、「刀鍛冶」のリズムを頭の中に持ち込んでいます。

刀鍛冶は、刀身となる鉄をガンガンと打って鍛錬し、水にずぶっと浸して焼き入れすることで、強い刀をつくります。そのイメージを練習にそのまま投影し、ガンガンと鉄を打つリズムで走り、焼き入れによって脚がもう一段強くなる様子を想像するのです。

これを繰り返すことで、より強い脚が出来上がり、トータルな実力アップにつなげる。これは、辛く苦しいトレーニングをできるだけポジティブにこなすための工夫でもあります。

最新のスポーツ科学に則って、脈拍数や乳酸値などを測定しながら緻密にトレーニング効果を狙うやり方もいいでしょう。しかし、私が今日まで飽きもせずトレーニングを続けてくることができたのは、こうしたイメージ面の取り組みがあったからではないかと思っています。

皆さんも、レースに出場する方はもちろん、長期にわたるプロジェクトなど、ハードな仕事にかかわることもあるでしょう。そんなときは、どうすればそれを乗り切ることができるか、日頃から自分なりのやり方を考えてみてください。

心の柔軟性と対応力がよい結果をもたらす

世界の舞台で戦っていると、お国柄によって文化や風習が異なるのはもちろんのこと、性格や気質にもそれぞれわかりやすい個性があることを実感させられます。いわゆる、国民性です。

日本人は元来、勤勉で我慢強い民族であると評価されています。たとえば、私が3位に入った２００９年のＵＴＭＢは、私のほかに日本人がもう2人、10位までの表彰台に立つことができた、いわば当たり年でした。

それまで日本選手が台頭することなどほとんどなかったので、この結果に世界のランニングメディアは、こぞって驚きと称賛の声を送ったものです。そして、短期間に突然トップ戦線に現れた日本選手たちについて、「ジャパニーズの農耕民族の血がもたらした結果である」と分析していたのが印象的で、今でも記憶に残っています。

ところが、その翌年以降になると、日本勢の活躍はぱったりと途絶えてしまいます。世界のレベルが上がったことも大きな理由ですが、それについていけなくなったことを考えると、少なくとも日本選手の躍進の秘密が、我慢強い国民性にあったわけではなさそうです。

むしろ、日本と世界のレベルがどんどん引き離されていく現実に直面する中で、あらためて気づかされたことがあります。それは、**我慢強さはむしろ枷《かせ》になっているのではないか**、ということです。

単純に堪《こら》え性《しょう》、忍耐力といった意味での我慢強さだけを比較すれば、欧米人より日本人のほうが優れているのは事実なのかもしれません。しかし、それがトレイルランニングという競技で有利にはたらくかというと、少々疑問です。

実際、表彰台を席巻する欧米選手と話をしていると、彼らが総じて楽観的な性格の持ち主であることがわかります。

もしレースで惨敗してしまったとしても、「今日は俺の日じゃなかったようだ」と、わりとサバサバと笑顔で帰途につく姿もよく見かけます。これはいい意味での頓着のなさを表しています。これが、持久系の競技においては、非常に大切なのではないかと思うのです。

それに対して日本人は、あらかじめレースプランを綿密に組み立てておく生真面目さを持っていて、それが何らかのアクシデントによって狂いが生じると、途端に戸惑い、ペースを見失う傾向が見受けられます。

想定外の事態に弱い日本人に対して、常にフラットなスタンスで「どうにかなるさ」と考える欧米人がウルトラディスタンスのレースで有利なのは明らか。なにしろ160キロの距離を丸1日かけて走り通す過程は、不測の事態の連続なのです。

もともと多様な考え方を持ち、柔軟性と対応力に秀でた欧米人の気質は、想定外のアクシデントに対するリカバリーもお手の物。私はフィジカルの差だけでなく、こういったメンタル面の違いが、結果の差につながっているのではと考えています。
どれだけ肉体を鍛え上げても、心が整っていなければ結果を出すことはできません。心身両方のコンディションが高いレベルで仕上がってこそ、好記録は生まれるもの。そして、ここでいう心とは、心構えのことであり、思考のスタンスのことです。

ところが、自戒を込めていえば、日本人は心に何かを背負って大一番に向かう人が多いように感じます。海外で戦うアスリートはなおさらで、国を一歩出たら、自分を応援してくれる人々やスポンサーの気持ちを重く受け止め、気合を入れる傾向が強いのです。

それがプラスにはたらいて良い結果につながることも、もちろんあるでしょう。それは否定しませんが、そうした思いが重荷となって記録を阻むこともあるのだとしたら、少し目線を変えてみる価値はあるのではないでしょうか。

ときには私たちにも、「どうにかなるさ」の精神が必要なのです。

勝ち負けの先にあるものを見すえる

これまで、世界の最高峰であるＵＴＭＢに何度も挑戦した経験から、私はトップ選手たちにはある共通点を感じています。それは、**実力者ほど、周囲を威圧するようなオーラを発していない**ことです。

いささか抽象的な表現になりますが、彼らが発するオーラは実に自然で、強い意気込みを感じさせるタイプの選手はあまり見かけません。これも、意気込みすぎたり、自分の世界に入り込みすぎたりしてしまう選手ほど、結果を出せないことを証明して

いるように思います。

「絶対に勝つ！」という決意や、「自分は強いんだ」という暗示が自らを鼓舞し、プラスにはたらくこともあるでしょう。しかし、競技の前から、見るからにエネルギーを発散しまくっているような選手は、いくらかのエネルギーを無駄に消費してしまっているように感じられてなりません。これはＵＴＭＢのようなウルトラディスタンスのレースでは不利のはず。

どれだけ強い思い入れがあっても、本番にエネルギーを無駄なく注げなければ本末転倒。面白いもので、レース直前の目を見れば、「ああ、この選手は後半バテてしまうだろうな」と、なんとなく察しがつくことすらあります。

つまり、自然体でリラックスしている選手のほうがよほど怖い、というのが私の経験則。少なくとも、マルコ・オルモ選手ほか、世界のトップシーンにいた選手は皆、このタイプです。

彼らはレース前夜、あるいはスタート直前でも、まるでこれから映画館に遊びに行くかのような雰囲気をまとっています。その姿を見ていると、気負っている自分がなんだかバカバカしく思えてくるのです。

私が親しくしている選手のひとりに、アメリカのスコット・ジュレクがいます。彼もまた、威圧感とは無縁のトップ選手です。

そのジュレクにあるとき、「君がこうしてレースに挑み続けているモチベーションはなんだい？」と聞いてみたことがあります。

ジュレクは世界の名だたる大会を制した名選手ですから、てっきり「自分の力が世界一であることを証明したい」といった言葉が返ってくるのだと思いきや、そうではありませんでした。

「世界中に友だちをつくりたい。それが一番だね」

彼いわく、人生は一度きりで、アメリカに生まれた自分が普通に暮らしていれば、生涯をかけて出会える人数など知れたもの。ところが、トレイルランニングを続けていることで、祖国アメリカの外へ出て、さまざまな人々と交流する機会が生まれる。それも、いずれも本来なら出会うことのなかったはずの人々で、その縁によって自分の人生はハッピーになるのだとジュレクは言うのです。

その言葉を聞いたとき、彼の強さが少し理解できた気がしました。

スコット・ジュレクは勝ち負けを第一に考えているのではなく、その先にあるものを見すえて走っています。走ること自体に価値を見出しているから、強いメンタルを持ってレースに臨むことができるのでしょう。

緊張を味方につける方法とは

レース前、とりわけスタート直前というのは、誰しも緊張するものです。もちろん私も同様で、それなりにキャリアを積み重ねた今も変わりません。

適度な緊張はパフォーマンスを発揮するために必要なものですが、かといって、過剰に心や体が張りつめた状態では、十分な動きは見込めないでしょう。

しかし、緊張は意思で制御できるものではありません。ハウツー本の類いでたまに、緊張しない方法というのを見かけることがありますが、ことスポーツの世界にお

いて、実際にどれほどの効果があるのかは疑問です。
そこで大切なのは、緊張状態をコントロールして味方につけること。つまり、過剰な緊張を適度な緊張に和らげ、力を出す材料にするのです。
そのためには、**今その状況を楽しむ視点を持つこと**が何よりの方法だと私は考えています。

緊張を無理にほぐそうとすると、かえって焦りの源になってしまいます。だったらその緊張を受け入れ、硬くなっている自分を認めたうえで、「走りながらどんな景色が見えるんだろう」「仕事でこのプロジェクトが終わったら、自分はどのくらい成長できているだろう」などと、前向きになれる方向にご自分を誘導してみてはいかがでしょうか。

私の例でいえば、自分がこれまで積んできたトレーニング内容を思い返しながら、それがどのくらいの結果につながるのかを検証しようという、科学者的な視点に切り替えてみると、意外とすっと気分が落ち着くことがありました。

この場合、もし今ひとつ記録が伸びなかったとしても、そのときは「あのメニューが良くなかったのかな」などと、反省材料のあぶりだしに直結するため、さほど落ち込まずに済むメリットもあります。

きっと、皆さんにも自分なりの〝緊張のいなし方〟があるはず。それを見つけるには、場数を踏むしかありません。

緊張すると自分がどのような状態に陥り、パフォーマンスにどう影響するのか。失敗を重ねながら、常にそれを探ることを意識し、次への財産とすべきです。

私もかつては、ちょっとしたことで心を乱してあたふたしていました。

たとえば5位入賞を目標に掲げて挑んだレースで、自分の前に20人の選手が走っていたとしたら、「まずい、15人分遅れているぞ」と必要以上にネガティブに考えてしまい、ペースを狂わせたこともありました。これを、「大丈夫、前を走る連中を20時間くらいのうちに抜けばいいんだ」と考えられるようになったのは、多くのレース経験を積んでからのことです。

単純に考えて、人はその時点で持っているものしか本番で出すことはできません。あれやこれやと考えたところで、実力以上の結果が出ることはまずないわけですから、自分はすでにまな板の上の鯉であると割り切るのも大切でしょう。

とくにウルトラディスタンスを走るレースの場合、本当に大切なのは、100キロを越えてからどれだけ身体が動くか、なのです。スタート前から気負っても、あまり意味はありません。

「ポジティブスイッチ」の入れ方

心が肉体を凌駕する、あるいは心の持ち方によって肉体のポテンシャルを最大限にまで引き上げられるということを、私はこれまでのレース経験の中で何度か体験しています。3位入賞を果たした2009年のUTMBのレースがそれでした。

この大会に備えて私は、日々のトレーニングに抗酸化への取り組みを加えたことで、心身を高いレベルに仕上げることができたことは前述したとおり。しかし、その舞台裏は決して楽なものではありませんでした。

前年の同大会で日本人最高位となる4位に入ったことで、かつてないほどの脚光を浴び、大きな期待を背負ってスタートを切った私。ところが、コースのほぼ中間地点に位置するイタリアのクールマイヨールという街を越えたあたりで、あろうことか私はコースミスを犯してしまいます。原因は、運営スタッフのミスで取り除き忘れられていた、別のレースのマーキングテープを誤認したことでした。

誤ったルートを3～4キロほど走ったところで異変に気づいた私は、「まずい」とあわてて引き返しましたが、もはや後の祭り。それまでトップ争いをしていたにもかかわらず、正規ルートに戻った頃には20位ほどにまで順位を落としていました。

私は目の前が真っ暗になるのを感じました。多くのファンやマスコミ、そしてスポンサーに見守られて出場した一世一代の大切なレースで、なんというミスを犯してしまったのか……。私の後に続いていた何人かの選手も皆一様に頭を抱えています。

さらには、この1年間のすべての努力を不意にする失態に、思わず学生時代の挫折の数々までが脳裏をよぎり、「やっぱり自分は何をやっても駄目な人間なんだな……」とまで考えてしまいました。

まさしく挫折寸前。いつ走るのを止めて棄権してもおかしくないほどにまで心は折れかかっていましたが、そのとき、突然頭の中にこれまでお世話になった人々の姿や声が回想されました。

自分がいかに多くの人の声援と支援に後押しされて日本を発ったのか。それをあらためて思い出したことで、自分の中でスイッチが入る音が聞こえてきたのです。

――中途半端に終えるわけにはいかない。起きてしまったミスは仕方がないから、せめて胸を張って帰国するために、ここから新たなレースを始めるつもりで頑張ろう。この状況からどこまで順位を上げていけるか。そういうチャレンジをしてみよう――

心がポジティブにそう切り替わったのです。開き直ったといってもいいでしょう。果たして、こうした切り替えによって集中力を取り戻した私は、リセットされたかのように再び快調に走り続け、結果的に3位入賞を果たします。

タイムだけを見れば、もし途中でコースを間違えていなければ2位でゴールできたはずですが、きっとそう単純なものでもないのでしょう。むしろ、あのアクシデントによってポジティブスイッチが入ったことで、高いパフォーマンスを維持できたのだと私は考えています。いわば、あのミスが自分の心身に活を入れてくれたわけです。

同様のことは、2011年のUTMBでも起こりました。

さきの2009年のUTMBで左足のアキレス腱を傷めてしまった私は、その後しばらく故障に悩まされながら、騙し騙し競技を続けていました。2011年の時点でも左足の回復は5割程度で、万全には程遠い状態でした。

完治させるには数年単位の休養が必要ということがわかっていましたから、プロとして現役を続けるのであれば、どうにか折り合いをつけて走り続けるしかありません。何より私自身、2009年に大きな手応えを得ていたことから、「片足でも走ってやる！」と燃えていました。

しかし、レース本番が迫るにつれ、プレッシャーはどんどん大きくなっていきます。ケガのことなどまったく知らない周囲は、「今度こそ優勝だ」と日増しに期待を高めている様子でしたが、それに対し、私は内心、とても優勝を狙えるコンディションでないことを理解していました。それでも、レース出場のお膳立てが整っている以上、もはや逃れることはできません。

私の心は日に日に追い詰められ、ついには「いっそレース前に死んでしまえたらどれほど楽だろう」と考えるまでに至りました。そこでふと、「どうせ死ぬなら、レースで死ねばいいじゃないか」という開き直りが生まれます。これが、ポジティブスイッチとなりました。

その瞬間から、すっと気持ちが楽になるのと同時に、思考がどんどん前向きになっていきます。

そもそも、期待されながらまったく結果を出せなかった高校時代、目標を前に走ることができなくなった大学時代を思えば、今これほど多くの人に注目されながら走ることができるのは、僥倖のようなもの。自分はむしろ、人一倍恵まれているのではないか。

「それに、こんなコンディションでそれなりの結果を出すことができたら、今後の競技生活において大きな自信になるはずだ。その自信は、自分にとって大きな財産になるに違いない」

そう考えはじめると、あれほどプレッシャーを感じていた大会当日を、なんとも幸せな気持ちで迎えることができたのです。

果たしてこの年、私は7位でゴールすることになります。

順位自体は落ちているわけですから、周囲からすれば、「鏑木毅も老いたな」とがっかりされてしまったかもしれません。しかし、誰よりもケガの状態を知る私自身としては、信じられない好結果でした。


この、2009年と2011年のUTMBの例に共通しているのは、**ポジティブスイッチが入ることでチャレンジの方向性が変わり、新たな目標に向かうスタンスをつくることができた**ということです。

ポジティブスイッチの在処は、人によって異なるでしょう。それを見つけるコツは、追い詰められ、苦境に立たされたときほど、目線を変える工夫をすることであると私は思います。

ちょっとしたきっかけで視界ががらりと変わる瞬間は、間違いなく存在します。皆さんも自分なりのポジティブスイッチの入れ方を、ぜひ試行錯誤してみてください。

第5章

戦い続けるためのリカバリー

40歳で知った「リカバリー」の本当の意味

結果を出し、長く健全に競技を続けるためには、鍛えることだけを考えているのでは不十分です。競技が過酷なものであるほど、アスリートの身体はケガのリスクを負うことになります。それらは転倒などの直接的なダメージによるものもあれば、蓄積疲労によって引き起こされるものもあります。

つまり、**戦い続けるためには、理想的に身体を癒やし、リカバリーする技術が不可欠**なのです。

私が２００９年、ＵＴＭＢで3位になった代償として、左足のアキレス腱を負傷したことは前の章でも触れたとおりです。これは蓄積疲労の典型例で、長年にわたり負荷の高いトレーニングやレースを重ねてきたことから、見た目にもわかるピンポン球大の腫れができ、激痛で動かせなくなりました。

このとき、患部を診察した医師からは、「もう、トレイルランニングのようなハードな競技を続けるのは難しいと思います」とまで言われていました。

治療するにしても、どうにか数年単位で左足を休ませる必要があるというのですから、それは事実上の引退勧告のようなもの。選手生命の危機に直面して初めて、もっと効果的なリカバリーができなかったかと、痛切に後悔したものです。

上手に疲労を抜きながらトレーニングをこなしていれば、これほどの状態になることもなかったでしょう。２００９年のＵＴＭＢでは、最高の結果と引き換えに、左足に最大の負荷を与え、それが取り返しのつかない負傷を引き起こしてしまったのです。

結果としてはその後、あらゆる治療法を試し続けたおかげか、私の左足は結局3年の年月を経てしまいましたが、奇跡的な回復を見せることになります。それも、この一件が効果的な休息法を徹底的に考えるきっかけとなったからこそでしょう。

そうした体験を経て実感したのは、「リカバリー」という言葉の本当の意味でした。本来こうしたことは、深刻なケガを負わないかぎり、あまり真剣に考える機会がないものです。実際アスリートというのは、鍛える方向にばかり目線が行きがちで、戦略的に休むという視点に欠けていることが珍しくありません。

しかし私のように痛みを感じる時点では、すでに手遅れの状態になっていることもあり得ます。ただ「定期的に休めばいいだろう」というトレーニング計画では、そのうち重大なトラブルに見舞われるかもしれません。

適切に休み、適切に回復させ、疲れにくい身体づくりを怠らないこと。これこそが、私が考えるリカバリーの本質です。

とりわけ年齢を重ねてからのトレーニングは、疲れが抜けにくくなっている分、トラブルにつながりやすいので注意が必要です。

ちなみに本題とは直接関係しませんが、参考までにご紹介しておくと、私が頼ったさまざまな治療法のうち思いのほか効果が感じられたのは、鍼治療でした。

施術者の腕前やケガの部位、状態によって効果に差はあるでしょうが、私の場合は初回の施術から覿面《てきめん》に腫れの引きが感じられました。お世話になったのは、アスリートの間で有名な先生で、目が不自由である分、非常に指先の感覚に優れた方です。

その先生が、私の脚に触れるなり、こう言うのです。

「何か、スポーツなどをされていますか？」

「ええ、トレイルランニングをやっているんですが、どうかされましたか」

「いえね、私も長くこの仕事をやっていますけど、これほど鍼の反応がいい身体は初めてなので、驚いているんです」

いわく、腫れた患部に鍼を打つと、みるみる小さくなることはなくても、細胞がどんどん治癒の方向に動きはじめるのがわかるのだそう。実際、私も施術を受けたあと、患部周辺のしこりが消えていることに驚いたものです。当時すでに40代になっていたことからすれば、これは驚異的な現象なのだと先生は言います。

私はこのとき、抗酸化への取り組みが、リカバリーの面でもプラスに作用したことを、あらためて実感したのでした。

週末トレーニングだけでは強くなれない
——超回復のメカニズム

適切な休息は、ケガの予防だけでなくトレーニング効果にも直結します。なぜなら、トレーニングによって一度破壊された筋肉は、休息によって以前よりも強く発達するからです。これが有名な「超回復」の理論です。

ここで大切なのは、ただ鍛錬して休むことを繰り返すのでは意味がなく、効率よくパフォーマンスを上げていく休み方を考えること。

トレーニングによって負荷を与えると、肉体は疲労してコンディションが低下しま

図2 超回復のメカニズム

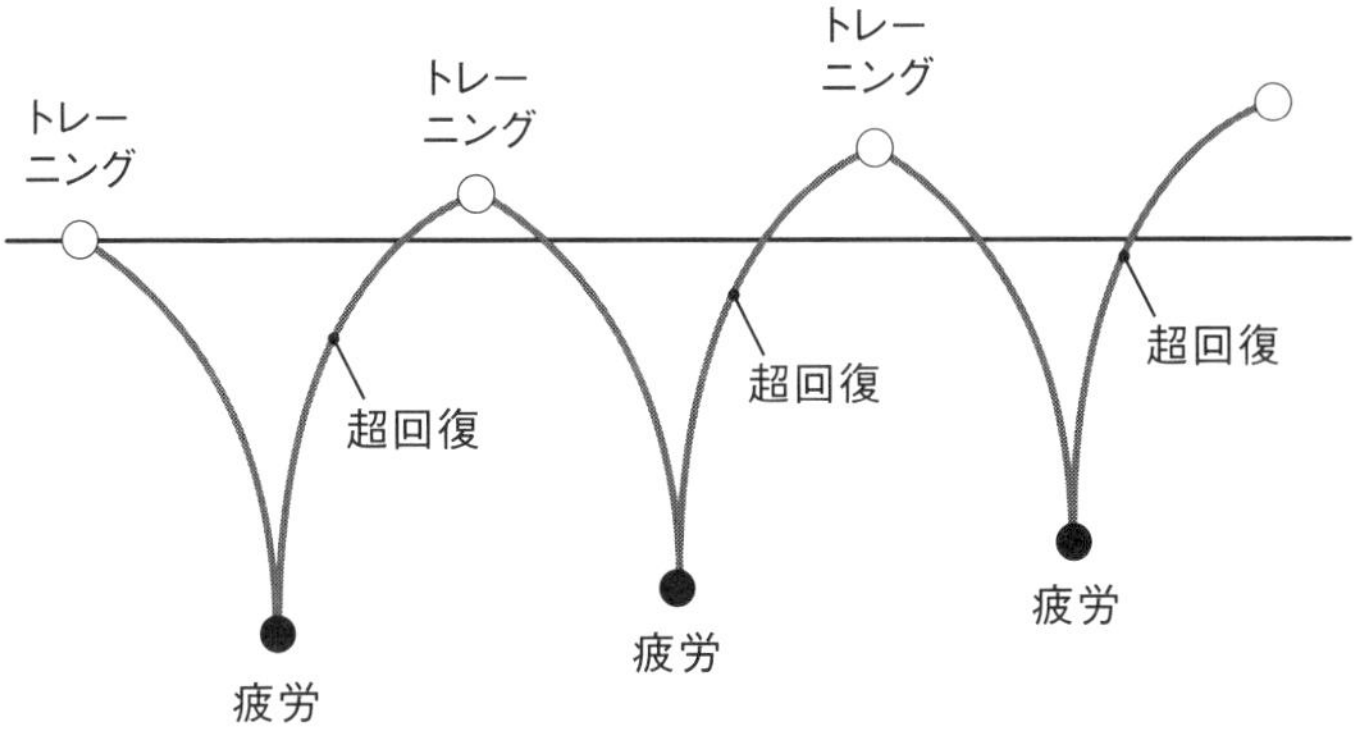

超回復を積み重ねれば、大幅な能力アップも可能となる

す。

　この際、人の身体はある種の防衛本能によって、次にまた同じダメージを受けても対応できるよう、元の状態より高いレベルに回復します。これは筋力や心肺能力、持久力などすべてにいえること。

　そこで、再びベストなパフォーマンスを発揮できる状態まで回復したところで、もう一度負荷を与える。その繰り返しで階段状に能力を上げていくのが、理想のトレーニングです。

　しかしこの際、迫りくるレース本番へのプレッシャーから焦りを感じ、十分に休むことなく次のトレーニングを始めてしまうと、同じメニューをこなしていてもレベルの高い運動にならず、かえって逆効果になることがあるのです。それでは能力の向上につながらないだけでなく、私のように重大なケガの原因にもなりかねません。休息は成長のために欠かせない要素なのです。

逆に、トレーニングの後に休みすぎてしまうのも、やはり効果につながらないので注意が必要です。十分に回復してからもなお休み続けると、それはサボっている状態となり、元の状態より能力は低下してしまいます。

つまり、**効率よく能力を伸ばしていくためには、疲労と回復の適確なスパンを見極めなければならないのです。**

その意味では、1週間のうち週末の2日だけ運動するという、社会人にありがちなやり方では、十分なトレーニング効果が見込めないことになります。なぜなら、土曜日の疲労が回復しないまま翌日にもう一度走っても、高いレベルの運動にならないばかりか、その後に5日間も休むことで、超回復の効果が薄れてしまうためです。

理想をいえば、**週に2度のトレーニングを行うのであれば、月曜と木曜、火曜と金**

曜などと適度に分散させるべき。仕事の事情でそれが難しい場合もあるでしょうが、週末に徹底的に体にダメージをため込むやり方よりも、土日のいずれかは完全休養にあて、軽度であっても平日に一度、トレーニングを挟むほうが、効果が見込めるでしょう。

ちなみにこれには、週末のどちらか1日を、丸々家族サービスにあてられるようになるメリットもあるので、家庭をお持ちの兼業アスリートにはお勧めです。

適切な休息期間とは、トレーニングの内容や負荷のレベル、また、年齢などに紐づく個々の回復力によって異なります。しかし、それを弾き出す絶対的な方程式がないからこそ、トレーニングは難しいのだとつくづく思い知らされます。

その点、ある程度わかりやすいのがウエイト・トレーニングの世界で、「**もうこれ以上は何も持ち上げられない！」というほど追い込んでから、48時間後に筋肉の再生が行われる**というのが最新のスポーツ科学理論。少なくとも脚力強化など筋力に基づく部分については、これがひとつの目安になるのではないでしょうか。

階段トレーニングで今の自分のコンディションを知る

激しいトレーニングをこなした後、自分の身体がどのくらい回復しているかを定量化するのは困難ですが、目安を設けることは可能でしょう。たとえば私の場合は、階段トレーニングを基準にしています。

いつも同じ階段を使ってトレーニングしているため、駆け上がってみたその日の感触によって、「いつもより脚が重く感じる」とか、「どうも息切れが早いな」などと、コンディションを測ることができるのです。

こうした基準を持っておくことは非常に重要で、その日のトレーニングを休むかどうか判断に迷った際は、とりあえず階段トレーニングだけを軽くこなしてみてから決める、といったことが可能になります。

会社員の方であれば、通勤途中の駅やオフィスの階段で代用してもいいでしょう。実際、私も県職員時代には、庁舎の階段を何本か駆け足で上り、トレーニングにもコンディションチェックにも活用していました。現在も、娘を幼稚園へ送っていく途中にある長い階段を使っています。条件はただひとつ、疲労のない好調時の状態を明確に認識している場所、ということのみ。

ただし、私自身がいろいろ試行錯誤を重ねてきた経験からいえるのは、**平地よりも階段がベターである**ということ。散歩程度の運動では肉体の状態は測りされません。階段を駆け上がるのは、場所さえあればいつでもできる手軽な全身運動なのです。

登ってみて、脚が重く感じるか、それとも軽く感じるか。重かったとすれば、今度はそれがどういった質の重さであるかを吟味します。

すると、最初は重かった足取りが、登っていくうちに少しずつ軽くなっていくことがあります。これは、血流が上がったことで身体が温まり、コンディションが整っていったものと考えられ、芯から疲労していない証しであると考えられます。この場合は、遠慮なく予定どおりのメニューを消化していいでしょう。

逆に、登っていくうちに脚が重くなっていくこともあります。この場合は、十分な休息がとれていないと判断し、思い切ってもう1日休むなどの対処をするべき。あるいは休まないまでも、その日のトレーニングメニューを一考する材料になるでしょう。本来こなすべきメニューから少しだけ量を減らすか、あるいは持久系のトレーニングに変更することなどを検討します。

言いかえれば、階段は、自分の体と会話をするためのツールです。どのくらい疲れているか、どこかに不具合がないかを身体にヒアリングできる、自分だけの場所を見つけてみてください。

レベルアップのカギは「積極的休養」

コンディションを崩さず、予期せぬケガを避けるためには、とにかく自分の身体に対してセンシティブであることが大切です。そのためにも、階段トレーニングなどでその日の状態を察する基準を設けたら、次は、「いかに効率的に休むか」について考える視点を持つべきです。

しかし、私のように年齢を重ねていると、休むのにも勇気が必要です。自分が休んでいる間に世界のライバルたちがどれだけ頑張っているのかと考えはじめると、どう

にもじっとしていられなくなってしまいますし、休めば休むほど、せっかく鍛えた肉体が衰えてしまうのではないかと不安にもなります。

私の場合はもともと持って生まれた性格によるところも大きいのでしょうが、生真面目な日本人にはとりわけ休む勇気に欠けている傾向があるように思えてなりません。

しかし、休養という言葉にもさまざまな意味があります。単に家でだらだらと横になって過ごすことが効果的な休養かというと、必ずしもそうとはいえません。

そこで意識してほしいのが、「積極的休養」をとるという視点です。

休養は消極的休養と積極的休養の2通りに大別できます。前者はとにかく疲れを抜き、回復を最優先させるために、ひたすら身体を休ませること。ごろ寝や入浴などがこちらに相当します。

これに対し、積極的休養とは**アクティブレスト**とも呼ばれ、**あえて運動することによって高い回復効果を狙う**手法のこと。

積極的休養の目的は、全身に適度な血流を促し、軽度の有酸素運動によって呼吸を活発化させ、筋肉の疲労を早めることにあります。そのために私がよく取り入れているのは、水泳トレーニングです。

水泳はよく言われるように、関節や骨に負担をかけず、筋肉に適度な負荷をかけられるという意味で、バランスのいい全身運動です。また、水中の浮力によって感じられるリラックス効果も、疲れた心身にプラスにはたらくでしょう。海外で大きなレースに出場した後など、私は積極的にプールへ出向き、疲労を回復するために泳ぐことを心がけています。

あるいは、会話をしていても苦にならない程度のスピードで軽くジョギングをするのも、こうした積極的休養の範囲です。頑張りすぎず、少し汗ばむくらいの負荷を心がけ、体中の血液を循環させるようなイメージを持って取り組むのがいいでしょう。

そしてその際も常に、身体との対話を意識してみてください。身体が徐々にほぐれ、温まっていく過程で、自分が今どの部位に疲労をためているかを感じる努力をするのです。そうすると、「本当に重いのは脚より腰だな」とか、「これは2週間前のあのレースの疲れだな」などと、意外と新たな発見が得られるものです。

その発見をまた、次のトレーニング計画にフィードバックするのです。

多忙な方に勧めたい「ながらストレッチ」

私自身も、トレイルランニングを始めて最初の約10年は、県職員との兼業アスリートでした。本書をお読みいただいている皆さんも、仕事を持ちながら競技に打ち込んでいる方が大半ではないでしょうか。そうした〝兼業アスリート〟が運動と仕事を両立するうえでの一番のネックは、やはり時間の確保ではないかと思われます。

フルタイムで仕事をこなしながらトレーニングを積むとなると、出勤前の早朝か、退勤後の夜間、あとはせいぜい昼休みに食事の時間を削って少し走り込むくらいが精一杯のはず。それも、仕事に影響が出ない範囲で最大限の努力をしなければならないのですから、実に難しく、ハードな毎日を強いられます。

そこで、少しでも隙間の時間を体づくりに使うことができないかと考えて私が編み出したのが、**「セルフマッサージ」**と**「ながらストレッチ」**です。

マッサージには血流の促進によって疲労回復を早める効果があります。ハードなトレーニングを消化していても、マッサージを徹底していれば、常にいいコンディションでトレーニングに励むことができるでしょう。そのマッサージにあてる時間を、日常生活の中から捻出しようというのが私のやり方。

たとえば**電車が来るまでのホームでの待ち時間や、会議で出席者が揃うまでの空き時間などのちょっとした隙間時間を使って、簡単なマッサージを自身の体に施す**のです。

実際に私は今も、少しでも時間が空いたなら、椅子に座って片足ずつ揉みほぐすことが習慣づいています。

打ち合わせが始まる直前の5分間、講演などで登壇する際の控室、自宅で妻が食事を準備してくれている間……。セルフマッサージにあてる程度の時間というのは、その気になれば日常のさまざまな場面に埋もれています。それを意識し続けているうちに、今ではいつでも自然にふくらはぎや大腿部、あるいは首筋や両腕などに手が伸び、疲労のたまった部位を探してしまうようになりました。

また、「ながらストレッチ」というのはその名のとおり、何か他のことをしている最中に行うストレッチのことです。

ストレッチは実は、まとまった時間をとって重点的にこなすよりも、ちょこちょこと細切れに行うほうが効果があるとされています。そこで、エレベーターを待っている間にアキレス腱を伸ばしたり、信号が青に変わるまでの間に前屈や屈伸をしたり、やはり隙間時間を見つけて体中の筋という筋を伸ばし、血流を上げるのです。

皆さんの生活まわりにも、こうしたチャンスはたくさんあるはず。通勤電車の吊革や手すりを使い、腕から脇にかけて伸ばしてみたり、エスカレーターに乗っている際にその段差を使ってアキレス腱を伸ばしてみたりすることもできます（もちろん、周囲の迷惑にならないよう配慮してください）。

ちなみに私は飛行機で長距離移動する場合でも、こまめにトイレに立って、ついでに軽く屈伸をするなど、同じ姿勢をキープしすぎないよう気をつけています。同じ姿勢があまり続くと、どうしても血流が滞って身体が固くなってしまうからです。

慣れてくれば、1日の中で30秒のストレッチを10セットこなすことなど造作もないでしょう。すると、朝家を出るときには重かった身体が、夜にはすっきりと回復しているようなことすらあり得るのです。

何より、日中をこうしたリカバリーにあてることで、夜のトレーニングはいっそう充実したものになるでしょう。

ただし、たとえ無自覚であったとしても、仕事との兼業はどうしても疲労がたまります。あまりにも詰め込みすぎて気疲れを起こしてしまっては逆効果。こうして隙間時間を有効に使う努力をする一方で、しっかりと休息をとることも忘れてはいけません。

運動前には「動的ストレッチ」、運動後には「静的ストレッチ」を

運動の前後のストレッチについても少し触れておきましょう。

トレーニングでもレースでも、身体を動かす前に行うストレッチは、体内の血流を促進させることが主な目的です。そのため、どちらかというと大きな動きを伴うダイナミックストレッチが中心となります。

股関節を伸ばしたり前屈したり、いわゆる「動的ストレッチ」はウォームアップの基本であり、とくに寒い冬場はケガ予防のためにも、十分に身体に血を巡らせ、温め

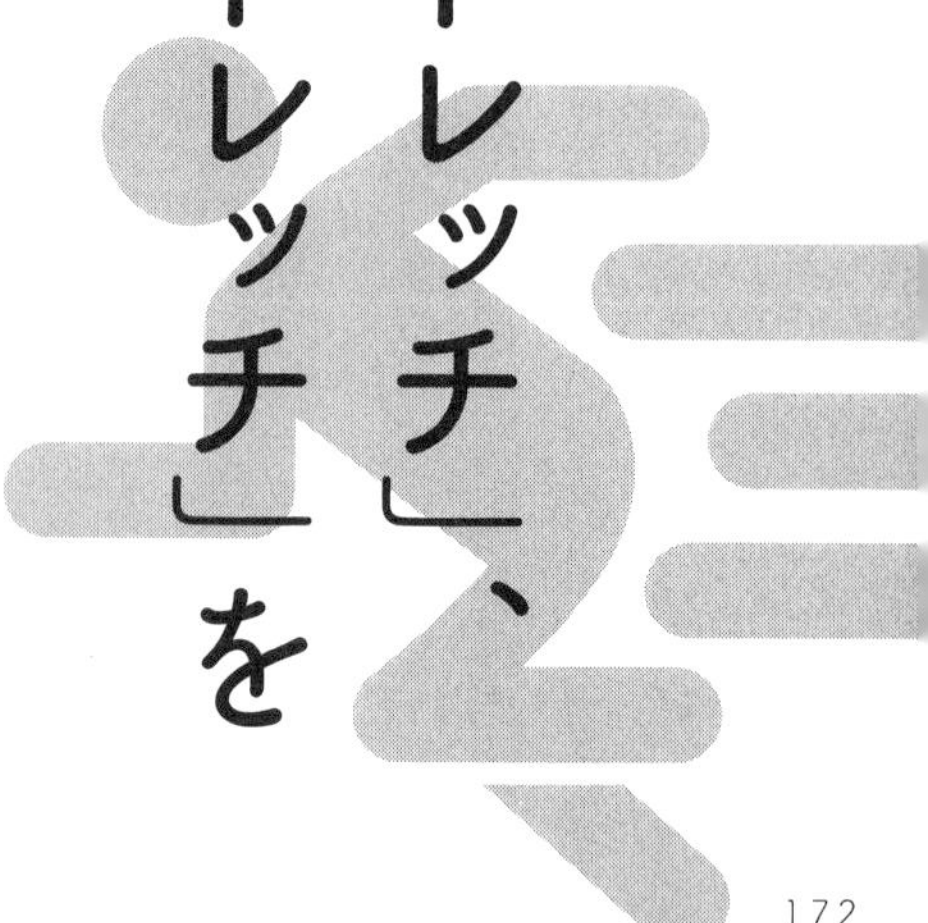

る必要があります。

しかし、勤務中に昼休みの30分を活かしてランニングなどをする場合には、あまりウォームアップに時間をかけられないこともあるでしょう。その場合は、手短にアキレス腱や足首だけをほぐしたら、あとはゆっくり走りながら肩や首をまわすなど、全身を手っ取り早く温めることをお勧めします。身体が温まりきらないままダッシュなどの刺激の高い運動をこなすのはご法度です。

むしろ、身体を動かした後のストレッチのほうを、時間をかけて行うべきだと私は思います。


運動後に行う「静的ストレッチ」には、疲労によって収縮した筋肉を、じっくりと解きほぐす意味があります。


筋繊維をゆっくり伸ばし、そこにある疲労物質を流れやすくする。こうしたクールダウンを怠ると、疲労物質がこびりつき、筋肉がカチカチに固まった状態に陥ってしまいます。それがケガの元になるのは言わずもがなでしょう。

血液循環を上げるための動的ストレッチと、筋繊維の疲労を流すための静的ストレッチ。運動の前後にそれらを適切に使い分けることで、毎日のトレーニングの効果も変わってくるはず。

兼業アスリートの場合、どうにかトレーニングの時間を捻出しても、クールダウンに十分な時間を割けないこともあるかもしれません。そんなときは、とりあえず走り終えたら急いで着替えを済ませ、帰りながら前述の「ながらストレッチ」のチャンスを見繕うのもいいかもしれません。

トラブルは末端からやってくる

どれだけストレッチを徹底していても、スポーツをたしなむ以上、ケガを100%防ぐことはできません。ストレッチはあくまで、その発生率を抑えるための施策に過ぎないのです。

これはアキレス腱を負傷した際にも感じたことですが、予期せぬケガは体の端、つまり意識から遠く離れた末端部分に多い傾向があります。もっといえば、離れた部位のケガほど、深刻な症状が多いように感じます。

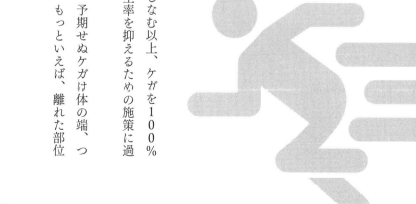

たとえばアキレス腱や足底は傷めやすい部位の代表格ですし、大腿部よりはふくらはぎのほうが負傷しやすいこともそれを表しています。

また、大きな筋肉より小さく細い筋肉のほうが傷みやすいのも事実でしょう。仮に、臀部や大腿前部に痛みを起こしたとしても、深刻化しにくいのは筋肉が大きいためであると考えられます。

こうしてケガが発生しやすい部位の傾向を認識しておくことは、危険シグナルに対して敏感になる意味があります。

末端部分のケガが重症化しやすい理由のひとつは、目が行き届きにくいためであると私は考えます。多少の痛みを伴う段階では軽視されがちで、気がついたときには症状が悪化していることが多いわけです。たとえば、どこかの角に足の小指をぶつけたときも、その場では絶大な痛みを感じて大騒ぎしたわりに、次第に意識することがなくなり、いつの間にか痛みが引いているものです。

また、患部が末端であるほど、誤魔化しが利かないので注意が必要です。レース中に、身体のどこかの部位がトラブルを起こすことは珍しくありませんが、それがもし、山道で起こした足首の捻挫なら、もはや痛みを散らすことはまず不可能。先のことも踏まえて、速やかにリタイアするしかないでしょう。

ただし、膝だけは別物です。ランナーにとってこれほど傷めやすい部位はありません。何より厄介なのは、人間の関節は消耗品であり、意図的に鍛えることができないことでしょう。

そこで多くのアスリートは、**膝の上にある筋肉を全体的に鍛えることで、緩衝材を大きくする**努力をしています（階段トレーニングなどがとりわけ有効でしょう）。

しかし、これも厳密にいえば、関節のパーツそのものを強化することにはなりません。クッションを大きく、強くすることでトラブルのリスクを減らす努力をしているに過ぎないのです。

膝に痛みや違和感を覚えたら、状態を慎重にチェックし、早めのケアに取り組むことをお勧めします。

アクシデントをプラスに変える

しかし、どれだけ気をつけていても、ケガをしてしまったのであれば、これはもう仕方のないこと。そのときにはもう、「神様が休めと言っているんだな」と割り切るしかありません。考えようによっては、真剣に競技に打ち込んでいる人ほど、ケガでもしなければ完全に休息できる期間などないのですから。

しかし、それとはまた別の意味で、ケガもある種のチャンスと捉えることができます。なぜなら、ある部位にケガをしたことが、新たな武器を与えてくれるきっかけに

なることもあるからです。この考え方は私がまだプロになる前の、2005年に経験した出来事がきっかけとなっています。

この年、私は富士登山競走という、文字どおり富士山を駆け上る大会に、3連覇をかけて臨みました。ところが私はこの際、右足に腸脛靭帯炎という故障を抱えていたことで、決して万全のコンディションではありませんでした。

具体的には右膝の脇の部位を傷め、いつもなら半年以上先を見越して積み上げていくトレーニングもままならず、優勝はまず絶望的に思われました。

それでも、出場に向けて準備を続けていた私は、その状態でもできるトレーニングメニューを考え、あれこれと試行錯誤していました。具体的には、水泳や有酸素マシーンなど、膝に負担をかけずに心肺を鍛えることに専心したのです。

そして本番2カ月前になり、ようやく少しずつ走れる状態を取り戻した私。恐る恐る軽いジョギングから始めたものの、この時期になってようやく実践トレーニングに着手するというのは、いくらなんでも遅すぎます。やはり、完走はできても好記録は見込めないでしょう。大会連覇した身としては、周囲の期待を裏切るくらいなら、いっそ今年の出場は見送るべきか。何度もそう考えました。

ところが、いざ走りはじめてみると、予想に反して楽に長い距離を走れる自分に気づかされたのです。

脚力は衰えているはずなのに、スタミナの消費が明らかに緩やかに感じられ、予想以上に楽に走れるのです。これは間違いなく、水泳トレーニングを徹底した効果でしょう。

果たして、この思わぬ誤算に気を良くした私は、高い集中力で残りの2カ月を過ごすことができ、富士登山競走で3度目の優勝を成し遂げることができたのでした。

この経験から私は、ケガをしたときこそ、それまでと異なるアプローチで鍛えるチャンスなのだと、前向きに考えられるようになりました。**大切なのは、治療期間をマイナスの時間にしないこと。そしてそれは、自分の視点や考え方次第で、いくらでもプラスにできるものなのです。**

ボクシングの世界チャンピオンにも、利き手の右腕を負傷した際、左腕1本でトレーニングを続けたところ、試合では左のリードブローが冴え渡り、それまで以上に強烈なパフォーマンスを発揮した、などという実例があります。

ケガをした際には、まずその度合いと症状を正確に見極め、適切な治療法を確認すること。そのうえで、その状態で積めるトレーニングメニューは何か、強化できるポイントはどこかと、考えを巡らせてみましょう。思いがけない武器を手にすることができるかもしれません。

疲労回復に温泉を活用する

ここまで読んでいただいた方には、私は四六時中トレーニングのことや身体のことを考える生活を推奨しているように思われるかもしれませんが、あまり根を詰めすぎ、ストイックになりすぎるのも考えものです。間違いなくいえるのは、アスリートには完全休養も必要だということ。

積極的休養という手法はあっても、やはり完全に疲労を抜くためには、消極的休養に頼らざるを得ないでしょう。そこで私がよく用いるのが「**交換浴**」という手法で

す。

これはサウナでよく行われているもので、まず身体を湯船でじっくり温め、次に水風呂で冷やし、そしてまた湯船で温めることを繰り返すやり方です。

最初に温められて促された血流が、冷やされていったん収縮し、それが再び湯船に入った瞬間に、一気に開放されていっそう血流が上がるというのがその仕組み。目安として「温（3分）⇩冷（1分）⇩温（3分）」を1セットとし、これを無理のないペースで3セットほど行うといいでしょう。

近所にこれに適したスーパー銭湯などがあれば理想的ですが、なければ自宅の湯船とシャワー（冷水）で代用しても十分な効果が得られます。

そもそも温泉の効果については、もっと見直されていいのではないかと私は思います。これは単に私が温泉好きであることを差し引いても、せっかく火山大国・日本で暮らしているのですから、リカバリーに使わない手はないと考えるからです。

日本の温泉には、さまざまな種類が存在します。そんななかで、リカバリーに適した温泉とはどのようなものか。ひとことで言えばそれは、回復効果の高い泉質を備えた温泉ということになります。

温泉が疲労回復に効くとされているのは、単に身体を温めてくれるためではありません。たとえば含有成分が少ない単純泉などは、刺激が少なく体に優しい性質がありますし、カルシウムを多く含む石膏泉は、痛みを和らげる鎮静作用があるといわれています。

これらはあくまで一例に過ぎませんが、こうした作用は自宅の湯船ではなかなか得られないものです。


また、温泉は鮮度にも着目すべきというのが私の持論。せっかくリカバリーに有効な成分を含んでいても、源泉が遠く、そこまで運んでくる間に劣化してしまっていては、効果も半減してしまいます。

そこで、まさにその施設の地下から湧き出している「足元湧出」を条件に、温泉宿を探してみることをお勧めします（もちろん、源泉かけ流しであることが大前提）。温泉本来の効能をそのまま享受するために、これほど理想的な条件はありません。

そして贅沢をいえば、身体が一気に温まる熱いお湯よりも、じっくり長く浸かっていられる適度な温度の温泉がベスト。成分を頭で認識し、癒やしを意識しながら浸かるのです。

施設によっては寝湯やジャグジーなど、血流を促すさまざまな設備があるでしょう。心のリフレッシュも兼ねて、ぜひ大いに温泉を活用していただきたいものです。

心をリカバリーする

休息とリカバリーが必要なのは、肉体だけではありません。メンタルもまた、疲れがたまればベストパフォーマンスを阻害する要因となります。はじめて私がその重要さに気づかされたのは、大学時代、早大競走部で走っていたときのことでした。

箱根駅伝に目標を置く選手たちというのは、大学の4年間でいかに自分の力を伸ばせるか、というサイクルで物事を考えています。その中で自分にとって最適なタイミングでピークを設け、正月の檜舞台に照準を合わせるわけです。

しかし、この4年間というのが曲者で、高い集中力を保ち続けるには長すぎる期間ともいえます。

それでも箱根駅伝という究極の目標を見据え、どうにか競技をやり遂げたトップ選手たちの一部には、卒業後に実業団へ進む人が少なくありません。ところが、そこでも第一線で活躍し続けることができる選手は、非常に少数です。いずれも日本有数の逸材揃いであるはずなのに、これはなぜなのか。

私はその理由を、モラトリアムな期間を経ず、燃え尽きた状態のまま次のステージへ進んでしまったことの弊害と考えています。

4年もの間ずっと集中し続け、心身共にその疲労をため込んだままの体に加え、実業団の世界には、箱根駅伝ほどの華々しく大きな目標はありません。これでは気持ちを立て直し、奮い立たせることが難しいのではないでしょうか。

せめて、自分なりの新たな目標を設定できる程度に、心のリカバリー期間があればいいのでしょうが、実際には駅伝引退から就職まではほとんど時間がないのが実情です。

その意味では私の場合、ケガによって駅伝を道半ばで挫折し、いったんは何をするでもない、ある意味大学生らしい生活を送り、その後は、仕事帰りに一杯ひっかけるのが日々の楽しみというサラリーマン……そうしたモラトリアムな日々が、いい心の休養になっていたことを実感させられます。結果的に、そうしたモラトリアム期間があったからこそ、トレイルランニングという次のステージにたどり着き、そこに最大限のモチベーションを投じることができたのだ、と。

当時の自分としては、競技に全力で打ち込んでいた時期に比べ、なんとも自暴自棄で怠惰な生活を送っているものと自己嫌悪に陥りもしましたが、心をリカバリーするためにはこれも必要な期間だったのです。

心の疲労は可視化できないため、その必要性を認識すること自体が困難でしょう。さらに大学から社会へ出る際のフローを踏まえれば、世の中の仕組みとしてモラトリアム期間を設けるのも難しいはず。それで選手として潰れてしまった人材を、私は大勢見てきました。

だからこそせめて、根を詰めすぎずに「長期的なビジョンを持つ」ことを忘れないのが重要だと私は思います。

実際に私にも、心のリカバリーなくしては再生できないと感じた局面がありました。それは2009年のUTMBを控えたある日のこと。

前年の4位という結果を受け、突然それまで以上に多くのマスコミに注目されることとなった私は、大きなプレッシャーに押しつぶされそうになっていました。心が疲弊すると、身の回りで起きることのすべてがネガティブ要素に思えてしまいがちです。たとえば、どれだけ調子が良くても、走っていて少しでも違和感があるとそれが過剰に気になって、「もうダメだ」と心がどんどんマイナスの方向へ向かってしまう。好きでやっている競技なのに、これでは走っていてもまったく楽しくなく、ますます心がふさぎ込んでいく悪循環に陥ってしまいます。

このときは、そんな私の状態を見かねた妻が、半ば強引にリフレッシュに連れ出してくれました。それも、「トレイルランニングのことをいったん忘れられる所へ行きましょう」と、山の見えない海岸でのんびりと釣りをする時間をつくってくれたのです。

当初は「大会も近いのに、そんなことをしている場合じゃ……」と焦りを募らせていた私でしたが、釣り糸を垂らしながら海を眺めているうちに、次第に落ち着きを取り戻し、心がリセットされるのを感じたものです。

実際、次の日に再開したトレーニングでは、それまでにないほど集中できたことから、あらためて心の休息の大切さを知ることとなりました。このときの妻の機転がなければ、2009年の世界3位という記録も生まれていなかったかもしれません。

常にテンションを右肩上がりで維持することは、人間誰しも不可能です。だからこそ、長く競技を続けるためにも、ときには心も休ませてあげることが大切なのです。

良質の睡眠をとる

結局のところ、睡眠に勝る休養はありません。ただし、その〝質〟にこだわることが大切です。ベッドの中で何時間も休んだはずなのに、どうにも疲れがとれないといった経験、皆さんもあるのではないでしょうか。これは眠りが浅いことに理由があるのは明らかです。

そこで良質の睡眠をとるためによくいわれるのが、就寝直前にパソコンやスマホを見ないよう気をつけること。画面が発するブルーライトが脳を覚醒させてしまい、熟

睡を妨げるためです。

ブルーライトとは500ナノメートルほどの波長を持つ青色光で、人が肉眼で見ることができる光の中でもとりわけ強いエネルギーを持っているとされています。そのため、角膜や水晶体で吸収されず、網膜を直接刺激し、結果として脳を覚醒させてしまいます。

また、そうした光線の効果だけでなく、たとえば寝る直前に届いたメールをチェックしたことで、翌日のスケジュールや段取りをあれこれ考えはじめるなど、頭が冴えてしまうこともあるでしょう。

現代社会でITを完全に切り離すのは難しいかもしれませんが、少しでも睡眠の質を高めるために、常に頭のどこかで意識しておいてほしいものです。私自身、**就寝の2時間前からは一切パソコンなどを触らないと決めてから、格段にぐっすり眠れるようになりました。**

良質の睡眠をとるためには、自分に合った寝具を使うのも有効ですが、出張や旅先などでそうもいかないこともあるでしょう。そこで私がお勧めするのは、**眠りに入る**

ためのルーティンをつくることです。私の就寝前ルーティンは、寝床に入ってから大好きな司馬遼太郎作品を読むことです。

それも、初めて読むものではなく、これまでに何度も繰り返し読んだものというのがポイント。なぜなら、まだ読んだことのない作品を手にするとテンションが上がって、つい読みふけってしまうからです。「寝食を忘れる」という言葉があるように、引き込まれすぎて読書が目的に置きかわっては意味がありません。

すでにストーリーを把握している作品を選び、なんとなく斜め読み感覚で文字面を追うように心がけ、物語の世界観を楽しむ。すると、集中する必要もないわけですから、そのうち自然とまどろみはじめ、心地よく眠りに入ることができます。

今では安眠を得るためにいくつかの司馬遼太郎作品が必需品となっており、旅先に忘れてきてもいいように、同じ作品を何冊もストックしているほどです。おかげで海外渡航時でも、私はぐっすりと眠ることができています。

ウルトラディスタンスを走るためのトレーニングをこなしたり、人前でお話をさせていただいたりするのが私の職業ですから、常にコンディショニングを意識し、良質の睡眠をとるのはひとつの責務でもあります。
だから私は50歳を目前に控えた今も、**毎日必ず8時間眠る**ことを心がけています。この年齢でハードなトレーニングを消化するためには、このくらい寝ておかなければとても身体が持たないのです。

逆に普通の人は、年齢を重ねるにつれて長く眠ることが難しくなり、早朝に目が覚めるようになりがちです。なぜなら、眠るには体力が必要だからです。つまり、私が毎日8時間も眠れているのも、日頃のトレーニングによって培われた体力のおかげです。

このように良質の睡眠を心がけ、トレーニングの効果をしっかり享受できれば、体力アップとともに長く眠れる好循環が生まれるに違いありません。

デジタルストレスを遠ざける

この章の最後に、ぜひ触れておきたいことがあります。それは先ほども少し述べた、ＩＴツールがもたらす弊害についてです。

これについては以前、あるセミナーで共演させていただいた杏林大学の古賀良彦・名誉教授が、「デジタルライフ疲労」と名づけてその実態を調査しています。それによると、まだデジタルライフという言葉自体が希薄であった13年前と比較して、疲労を自覚している人は3割増し。さらに加えて、不安やイライラ、モチベーションの低下を訴える人が一定割合を占め、人とコミュニケーションをとることを面倒に感じる人が増えているというデータが示されているのです。

確かに、他人に興味を示さない人、電話で話すことを苦痛に感じる人というのが、若い世代を中心に多く見られるのを実感している人は少なくないでしょう。


これに対し、トレーニングや大会などで海外へ出ると、外国の人たちは実に気さくに話しかけてくれることを体感します。まったく見ず知らずの人から、「それ、いい服ですね」などと声をかけられることもよくあります。これは日本ではあまりないシーンでしょう。

私もそうした雰囲気にうっかり感化され、海外に長期滞在した後などは、帰国してから空港でたまたま隣にいた人に、「日本は寒いですねえ」などと自然に話しかけてしまうことがあるほどです。

欧米の人々の多くは、日本人のようにずっとスマホを触っているような様子もありませんから、古賀先生が指摘されているように、こうした現象とデジタルストレスの関連を疑う余地は十分にあるのではないでしょうか。

コミュニケーション能力の低下は、競技を続けるうえでマイナスにしかなりません。**他者と話し、交流することで、人は心の柔軟性を養うからです。**

何らかの壁に行き当たっていたとしても、人と語り合うことで気持ちが上向くことは誰しも経験があるでしょう。そこから状況を高めるヒントを得て、人は一段、たくましく成長するのです。それは近年話題となっているメンタルタフネスにも通じるものでしょう。

前述したように、デジタルストレスにはモチベーションの低下や倦怠感といった、無視できないデメリットもあります。どうかデジタルストレスの存在を認識し、できるならそれを遠ざける努力をしてみてください。少しずつ、自身に変化が訪れるのが感じられるかもしれません。

第6章

楽しく年齢を重ねるために

老いには3つの段階がある

50歳にして世界最高峰のＵＴＭＢで１００マイルを走るというのは、生半可なことではありません。いくら抗酸化に取り組んでいたとしても、それが老いとの戦いであることに違いはありません。

しかし、時間の流れは誰にも止めることはできないのですから、せめて充実した時間を過ごし、楽しく納得のいく歳のとり方をしたい。私が今も走り続けているのは、そこに理由があります。

そこでこれまでの人生を振り返って考えてみたところ、老いには3つの段階があることに気がつきました。それは**「体」の老い、「心」の老い、**そして**「感性」の老い**です。

体の老いについては、ここまで述べてきたとおり、何もしなければ刻々と能力は低下していくもの。歳をとれば少しずつ身体の動きが鈍るのは当然のことです。

心の老いとは、身体の機能が衰えてきた事実に直面した瞬間、「ああ、昔はもっとやれたのに」と思うことから始まるのだと思います。言いかえれば、肉体の衰えを自覚したときから、心の老化は始まるのです。

そして、心が老いを意識しはじめると、今度は感性の老化が始まります。感性の老いとは思考回路の変化であり、何事に対しても否定的になったり、頑固になったりするのはその典型といえるでしょう。たとえば、若い頃であれば新しいものを素直に受け入れることができたのに、いつの間にかそうではなくなってきた——というのが、これに相当します。

私自身にも身に覚えがあります。20代の若い選手たちとトレーニング法について情報交換をしているときなど、「こういうのがいいらしいですよ」と言われても、ついつい「でも、自分はこうやってきたから」と、半ば反射的に反論めいた意見を返してしまうことが珍しくないのです。

決して彼らの意見に賛同できないわけでも、まして異論があるわけでもないのに、自然と口をついて出てしまう自分の主張。30年以上やってきた矜持があるとはいえ、やはりこれは感性が老いている証しなのでしょう。

こういうことが続くと、どんどん若い世代にとって話しかけにくい存在になってしまい、有用な情報も得られなくなってしまいます。それが競技やトレーニングに不利にはたらくことは言うまでもないでしょう。

こうして3段階に分けて考えてみると、老化は身体から始まっていることがわかります。つまり、身体の老いさえ防ぐことができれば、心や感性の老いをある程度は食い止められることになります。

肉体の衰えさえ感じなければ、「自分はまだまだいける」と思い続けられるもの。だからこそ、**老いの連鎖をスタートさせないためにも、日々のトレーニングや抗酸化への取り組みが重要**だと私は考えているのです。

それでも衰える自分に直面したときには、その事実をしっかりと受け止め、認識しなければいけません。身体の老いに気づかず、その状態に相応しいトレーニング量を設定できなければ、オーバーワークやケガの原因になります。また、心の老いを自覚できなければ、知らないうちに「老害」と呼ばれる立場に陥り、孤立しているかもしれません。

老いとは全力で抗う一方で、はっきりと自覚しなければならないものである——これは私自身が自分に対して常々言い聞かせていることでもあるのです。

年齢を経るほど、「抗酸化」「低糖」「食事改善」の3つが大きな鍵になる

本来であれば私は、38歳のときに初めて挑んだＵＴＭＢを最後のレースとし、あとは趣味でトレイルランニングを続けていくつもりでした。それが今、50歳を目前にしてまだ厳しいトレーニングを続けているのは、まだまだ走れるという実感と、大きなやり甲斐をこの競技に感じているからにほかなりません。

私の競技人生は、駅伝を目指して頑張っていた頃を第1ステージとすれば、トレイルランニングという新たなフィールドに出会ってそれに邁進した37歳までが第2ス

テージ、そして、アンチエイジングの視点を持ってトレーニングに取り組みはじめた38歳以降から現在までが第3ステージと考えています。

トータルな体力の衰えを防ぐのは難しくても、持久力は伸ばすことができる。その真理にたどりついたことで、こなすメニューや日々の生活習慣は一変しました。第3ステージのポイントはここまでに述べてきたとおり、抗酸化、低糖、食事改善の3つにあり、これらは還暦手前で世界を制したマルコ・オルモ選手の背中を追うために研究を重ね、たどり着いたメソッドです。

伸び盛りの若い頃は、必ずしもスポーツ科学にとらわれず、思い切りエネルギーを吐き出すようなトレーニングに明け暮れる時期があってもいいでしょう。また、毎食お腹がパンパンになるまで好きなものを食べてもいいでしょう。

しかし、老化が始まってからは、そうもいきません。黙っていても個々のアビリティが伸びていく時期は去り、何らか手を打たなければ衰えていく一方である現実を食い止め、さらに持久力を伸ばしていくためには、生活とトレーニングの随所に細心の注意を払わなければなりません。

果たして、私の第3ステージの成果は絶大でした。今もこうして走れている事実はもとより、たとえば人間ドックで検査を受けると、40代後半にして「血管年齢は二十歳のそれに等しい」と医師に評される身体になりました。これはまさしく、抗酸化や食事改善の効果でしょう。

もともとは年齢に逆らって記録を伸ばしたいという、アスリートとしての純粋な意欲に端を発したアンチエイジングへの取り組みですが、結果的にそれが、生活に張りを与え、健康な心身を維持する嬉しい副作用をもたらしました。

楽しむと決めれば世界は変わる

振り返ってみれば、県職員時代の私はいつもイライラと心落ち着かない社会人でした。

公務員というのは世間のイメージに反して多忙な職業で、当時の県庁は「不夜城」と呼ばれるほど、夜遅くまで灯りの消えない仕事場でした。

とりわけ印象深いのは、ある大がかりな全国規模のイベントを担当したときのこと。週末も休めず、朝早くから夜遅くまで働きづめの日々が続き、職員が次々に体調

を崩していく有様で、残ったメンバーも疲労から来るイライラで言い争いが絶えず、仕事環境はかなり殺伐としていました。

誰もが「早くこの状況から脱したい」とギリギリの状態に追い詰められているなか、ひとりだけ常に声高らかに笑っている人がいました。同僚のY君です。

彼も皆と同じように、毎日2~3時間しか眠れず、体力的にも精神的にも限界に近いはずなのに、常に笑顔を絶やさないY君。そんな彼が出すアイデアはいつも秀逸で、ひとりだけ別の次元で仕事をしているようにすら見えました。

なぜこの状況で、彼はこれほどバイタリティを維持できるのか。どうしても気になって、「Y君はどうしてそんなに元気でいられるの？」と、あるとき聞いてみました。するとY君はこう答えたのです。

「この状況はイベントが終わるまでの辛抱だから。期限つきだと思えば頑張れるし、ここまで追い詰められることも人生でそう何度もないだろうから、いっそのこと楽しもうと思ってね」

つまり、苦しまないことに決めたのだと、彼は言います。単なる立ち話でしたが、これにはハッとさせられるものがありました。

心持ちひとつで世界の見え方は変わる。Y君はそれを見事に体現していました。目の前の状況をネガティブに捉えてもポジティブに捉えても、苦しさの度合いが変わることはありません。だったらせめて、それを楽しむことができれば、いくらか楽になるでしょう。

私は今でもレース中、心身が極限に近づいてくると、このときのY君の言葉を頭の中でリプレイしています。いろんな人々のサポートによって、わざわざ海外までやってきたのだから、この状況も楽しまなければ損だろう、と。

面白いもので、そう考えるといつもふっと心が解きほぐされ、心がほぐれると身体の反応も良くなるのが実感できます。

レースに限らず、人生にはこれから何度でも辛いこと、苦しいことがあるはず。そんなときこそ、状況を楽しむ視点に切り替えて、自分の心を解きほぐす努力をしてみるといいでしょう。

体質を変えることで「負の心」を取り除く

体質改善に成功してから、あらためて気づかされることがあります。それは、以前よりも明らかにイライラしなくなっているということです。

抗酸化や低糖への取り組みによってエネルギーの消費効率が変わったことで、身体も脳もパフォーマンスが上がり、結果としてゆとりをもたらす。それが自分にポジティブな精神状態を保たせてくれるひとつのきっかけとなっているように思います。

もちろん、現在の日々がストレスと無縁なわけではありません。プロとして競技に専念できる毎日には感謝の気持ちに堪えませんが、それでも悩みや迷いは尽きませんし、プレッシャーもある。もっといえば、将来への不安だって人並み以上に持っています。

そうした負の感情に苛まれると、人はどうしてもイライラしたりビクビクしたりするものですが、体質改善以降は、ある種のスイッチを押せるようになったと自覚しています。それは**「マイナスを受け流す」スイッチ**です。

たとえば仕事で何か理不尽な状況に追い込まれたとき、以前なら「やってられるか！」と反発する気持ちが勝ったものですが、今は「それでも、どのみちやらなきゃいけないことだしな」と、自然にいなすことができるようになりました。これは先に述べた、極限状態を楽しむ視点に切り替えることと近いもので、ストレスから目を背けるのではなく、同じことなら受け入れることでダメージを最小限にとどめよう、というスタンスです。

おかげで不測の事態に直面しても、頭にカッと血がのぼるようなこともなくなり、落ち着いて解決策を考えられるようになりました。妻からも数年前頃から、「昔より穏やかになったよね」とよく言われますから、客観的にも間違いない変化なのでしょう。

これは単純に、歳を重ねたことで感情の角《かど》がとれただけのことかもしれません。しかし逆に、年々イライラしやすくなる人も多いといいますから、それを思えば、単なる加齢の影響というわけでもなさそうです。実際、炭水化物や脂っこいものを好む糖体質の人ほどイライラしやすいという現実もあります。

私自身、体質の変化とともに、相対的に穏やかになったというより、必要なときに適宜スイッチを切り替えられる柔軟性を自分の心に感じています。

本来であれば、思うように身体が動かなくなることで、日常のストレスは増していくはず。だからこそ、そのストレスを上手に受け流すスイッチを心に持っておきたいものです。

期せずしてそうしたスイッチを手に入れることができたのは、トレーニングに励む日々がもたらした、嬉しい誤算でした。

大切なことを「遊び」と思える感覚を持ち続ける

30歳を前にしてトレイルランニングに出会い、陸上競技ではたどり着けなかった領域を目指し、私は今日まで意欲的にトレーニングを積んできました。

思えば、箱根駅伝を目指して遮二無二頑張っていた頃は、アスリートとしては充実していたかもしれませんが、心は常に疲弊していました。

駅伝という華々しい一世一代の舞台は、大会当日よりもむしろ、そこへたどり着くまでの競争のほうが過酷であるとよく言われます。これはまさにそのとおりで、1秒

でもタイムを縮めること、少しでも部内での順位を上げることだけに邁進し、毎日が激しい競争の中にありました。思い返してみても、なぜあれほど鬼気迫る勢いで一点だけを見つめていたのか、不思議に感じるほどです。

しかし、そうした数年間があったからこそ、清冽な空気で満たされた緑の中を走るトレイルランニングは新鮮で、自分にとってなんとも自由で楽しいフィールドだったのです。語弊があるのを承知でいえば、それは新たな〝遊び〟を見つけた感覚に近い喜びでした。

むしろ、そうした遊びの感覚がなければ、おそらく今日までこの競技を続けることはできなかったでしょう。「遊び」とはときにネガティブな意味で用いられる言葉ですが、これは何かに打ち込むうえで、非常に大切な要素だと私は思っています。

好きで始めたことであっても、プロになればそれは仕事になってしまいます。音楽が好きでギターをたしなんでいる人。絵を描くのが好きで、暇さえあれば落書きに興じている人。そういう方々と同じように、私の場合、純粋な意欲で始めたのがトレイルランニングでした。

音楽好きな人がプロのミュージシャンに、絵を描くのが好きな人が画家になるのは自然な流れですが、本当に好きなことを仕事にできる人はごく一握りですから、人々はそれを羨ましいと思うでしょう。実際、今こうしてプロのトレイルランナーとして生計を立てている現実を、私は心から恵まれていると感じています。


しかし、これが仕事になった以上は、走ることに責任が生じ、結果を出すためにやらなければならないことが目の前に山積します。当然、そこには大きな重圧を伴うことだってあるわけです。

それを遊びととらえることは、不謹慎なことなのかもしれません。でも、**自ら能動的に取り組み、そこに胸躍る気持ちがあるのであれば、それは必要な遊びなのではないか**と私は思います。

長く競技を楽しむためには、それと出会ったときの気持ちを忘れず、原点に立ち返ることも必要。それにより、走ることの喜びをいつまでも忘れることなく、タイムが落ちても競技を続けること、トレーニングを続けることを前向きにとらえられるようになるはずです。

大げさかもしれませんが、一度きりの人生なのですから、それを壮大な遊びにチャレンジする時間にあてる考え方を持つのもいいのではないでしょうか。あえて遊びと思うことで見えてくるものもあるに違いありません。

老いてもなお、ワクワクしながら生きていくために

スポーツにおいて勝敗や記録にこだわることは大切なことです。目標設定が明確であるほど、トレーニングプランが立てやすくなりますし、それをこなす日々に張りも生まれるでしょう。

しかし、ときにはリスクをはらむのもスポーツです。ハードな運動で膝や腰を傷めることもあるでしょうし、転倒した拍子に負傷する可能性だってゼロではありません。まして100マイルを走り抜くトレイルランニングでは、生命の危機に晒され

ることだってないとはいえません。

だからこそ、歳を重ねるほど「**無理は禁物**」という意識を心のどこかに持っておくべきなので、ある時期からは無闇にタイムを重視する取り組み方を改めなければならないでしょう。

しかしそうなると、目標を見失い、競技そのものに張り合いを見出せなくなってしまう人もいるかもしれません。

そこで、ある程度の衰えを自覚する年齢に差しかかった後は、「他者との戦い」から「自分との戦い」にシフトすることで、トレーニングに打ち込む意味を見出せるのではないかと私は考えています。

人間は誰しも、歳をとれば若い頃と同じレベルでの運動はこなせません。それなら、**違う人間に生まれ変わったつもりで、今の身体で何ができるのか、検証しながら楽しむ視点に切り替える**のです。それによってまた、新たなチャレンジ精神も生まれるのではないでしょうか。それはワクワクする心を維持するための心がけでもあります。

人は何事においても、前向きに取り組んでいるときほどワクワクするものですし、ワクワクしながら打ち込んでいるときが最も強くなれるもの。私のこれまでの競技人生を振り返ってみても、大きく力が伸びているときというのは、いつでもワクワクしながらトレーニングに励んでいました。

50歳でのＵＴＭＢ挑戦を決めたのも、今の自分がどこまでやれるのかを想像したとき、たまらなくワクワクしたからです。

ランナーとしてのトレーニング理論はもちろん、抗酸化や低糖を含むアンチエイジングの理論が、一体どこまで通用するのか。そしてそれがどのような結果をもたらすのか。

50歳になった私がＵＴＭＢの大舞台で走る姿を想像してみると、かつて箱根駅伝を目指して頑張っていた頃のようなときめきを取り戻すことができるのです。

逆説的になりますが、人は挑戦する気持ちを忘れるとどんどん老けていく生き物だと私は思っています。実際、ＵＴＭＢという目標をもう一度設定した今、私はこれまで以上にトレーニングに対して貪欲な気持ちを保っています。

こうして老いていく自分を認めながらも可能性を追求するスタンスに到達してからというもの、私は老いることが苦にならなくなりました。

若い頃は、少しずつ、そして着実に老けていく自分に嫌気が指し、思うように脚が動かなくなっている自分をとても受け入れられずにいました。そうなると、刻一刻と過ぎていく時間そのものが、精神的な重圧になります。

だったら、老いることを楽しみたい。楽しく歳を重ねたい。

もちろん、老いに対してあきらめてしまうのも簡単なことです。年齢に逆らわず、潔く競技から身を引き、トレーニングを生活から排除する。それもまた、人生の尊い選択のひとつでしょう。トレーニングに打ち込んでいた時間を他のことにあてられるなら、これはこれで消極的な選択とも思えません。

つまりは、**今の自分の時間をどう使うかを考えることが**、**楽しく歳をとる秘訣**なのではないかと思います。そして私の場合はそれが、もう一度、世界最高峰の舞台で走ることだったのです。

対談
青井渉氏

（医学博士・京都府立大学生命環境科学）

青井 渉
Wataru Aoi

医学博士
専門分野：スポーツ栄養学、予防医学

2005年　京都府立医科大学大学院 医学研究科 修了
京都府立医科大学 生理学教室 助手
2006年　同志社大学 スポーツ医科学研究センター 講師
2008年　京都府立大学大学院 生命環境科学研究科 助教
2014年　Karolinska Institutet (Sweden), Department of Physiology and Pharmacology, Guest Assistant Professor
2017年　京都府立大学大学院 生命環境科学研究科 准教授

老化抑制の鍵を握るミトコンドリアと脂肪

鏑木　長く走り続けるために私がこれまで自己流で実践してきたことが、科学的に正しいのかについてお伺いしたく、このような対談を設けさせてもらいました。

第1章にも書きましたが、そもそも私が持久力の謎を解明しようと思ったのは、当時59歳のマルコ・オルモ選手がＵＴＭＢで優勝した姿に衝撃を受けたからです。マルコ選手の身体の中が一体どうなっているのか未だに興味深く思いますが、青井先生はどのようにお考えでしょうか？

青井　その年齢で高いパフォーマンスを発揮しているというのは、老化が非常に遅れているということだと思います。とくにマルコ選手の場合は、トレイルランニングのような長距離走を長く続けることで、スポーツパフォーマンスだけでなく、脳や内臓といった身体のベースが高いレベルで保たれているのではないでしょうか。

鏑木　有酸素運動を続けることが、老化を防ぎつつ、パフォーマンスを維持することにつながっているというわけですね。それはどのようなメカニズムなのでしょう？

図A　高齢者において、持久能力（横軸）がある人ほどミトコンドリア量（縦軸）が多い

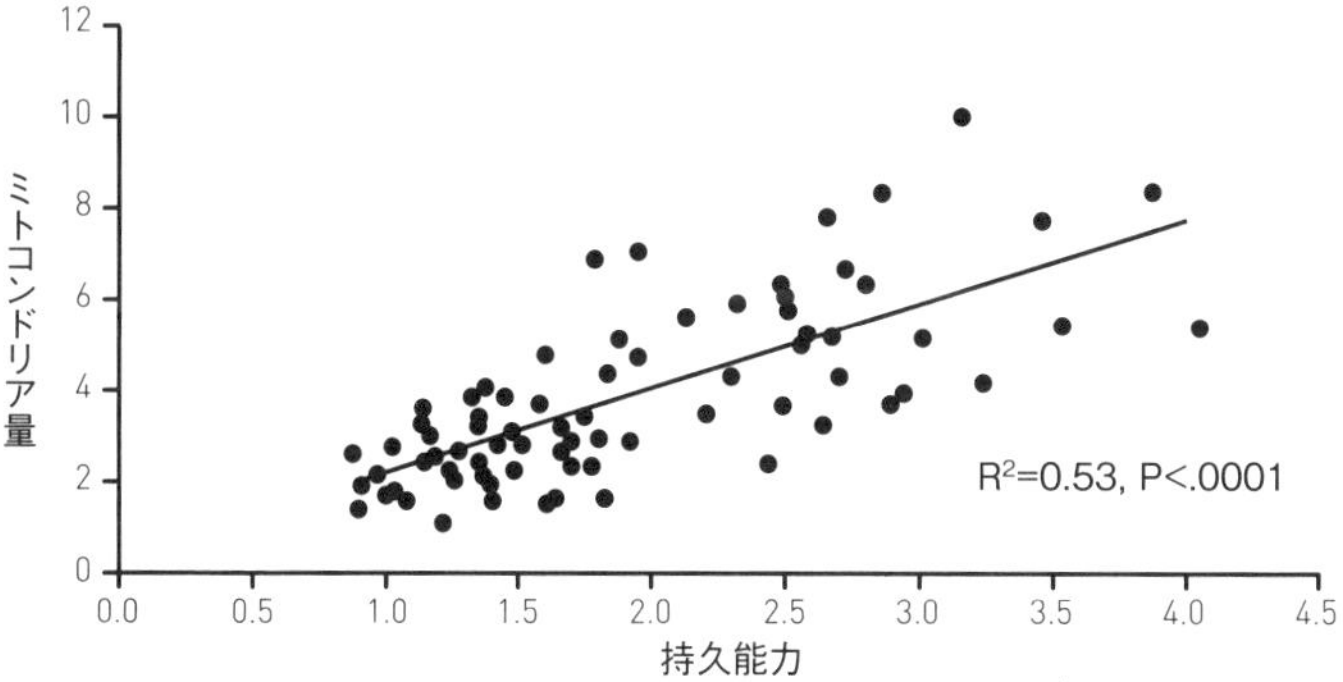

出典:J.Clin.Endocrinol.Metab.99:1852-1861, 2014（Broskey N.T.,et al.）

青井　一言でいえば、**有酸素運動がミトコンドリアの増加を促している**と考えられます。49ページで触れられていたように、持久力アップの鍵を握るのは私たちの身体にある小さな器官、ミトコンドリアです。このミトコンドリアがひとつの細胞の中に数百個から数千個含まれているのですが、加齢や運動不足、ストレスといった要因で大きさや数が減ってきます。このミトコンドリアの質をいかに高い状態でキープできるかが、今アンチエイジング全体の課題になっています（図A）。

鏑木　陸上競技の世界において、圧倒的な強さを誇るアフリカ人と日本人を比べ

てみると、脚力、心肺機能、最大酸素摂取量などに大きな差はない。じゃあ何が違うのかというと、ミトコンドリアの量や大きさではないかといわれています。ミトコンドリアの品質管理はアスリートにとっても重要ということですね。そして、ある程度長いスパンで有酸素運動を続ければ、老化のスピードを緩められると。

青井　おっしゃるとおりです。運動習慣のある方はミトコンドリアの減りが少なく、代謝の高い身体をキープできることが証明されています。ただ、運動習慣といっても、鏑木さんのようなトップアスリートだと、今度はこのミトコンドリアが疲れてくることがあります。

その背景にあるのが、31ページで述べられていたような、活性酸素が原因となる、身体のサビです。身体がサビると自分で自分を痛めつけて、結果として、ミトコンドリアの機能が悪くなります。

鏑木　やりすぎてもダメとなると、そのさじ加減が難しいですね。

青井　はい、そこが非常に難しい問題です。過度な有酸素運動は活性酸素を出し、それが出すぎると身体の至るところにダメージを与えることがわかっています。

ただ、まったくやらないのもよくない。というのも、運動をしない人は緩い活性酸素が慢性的に出続けていて、これが老化の原因になるんです。これは慢性炎症、慢性酸化ストレスともいわれています。

鏑木　慢性炎症が起きる原因というのは、普段の生活でいえば、常にストレスを感じているとか、ハードワークにより疲労がたまっているということですか？

青井　それもありますが、**じつは内臓脂肪を身体にためこんだ〝メタボ〟のほうが、より問題です。**内臓脂肪は活性酸素を緩やかに出し続けていて、しかも痛みがまったくないので、本人が気づかないままに体が蝕まれてしまうのです（図B）。

鏑木　脂肪が活性酸素を出し、身体に炎症を起こすことで基礎代謝の低下につながり、さらに脂肪がつきやすくなる。まさに負のスパイラルですね。脂肪が免疫を下げるとか、疲れやすくさせるなんて話もありましたよね。

青井　そうですね。昔は脂肪が多いといってもそこまで深刻には考えられておらず、単純に見た目が悪いから痩せておいたほうがいいという程度の認識でした。しかし、脂肪細胞から分泌されるアディポカインという物質が、じつは全身に変なものをばらまいているということが、15年ほど前からわかってきました。その結果、血管の中で炎症を起こし、最悪の場合、動脈硬化にもつながることがある。ですから、脂肪をメ

図B 脂肪は活性酸素を緩やかに出し続けている

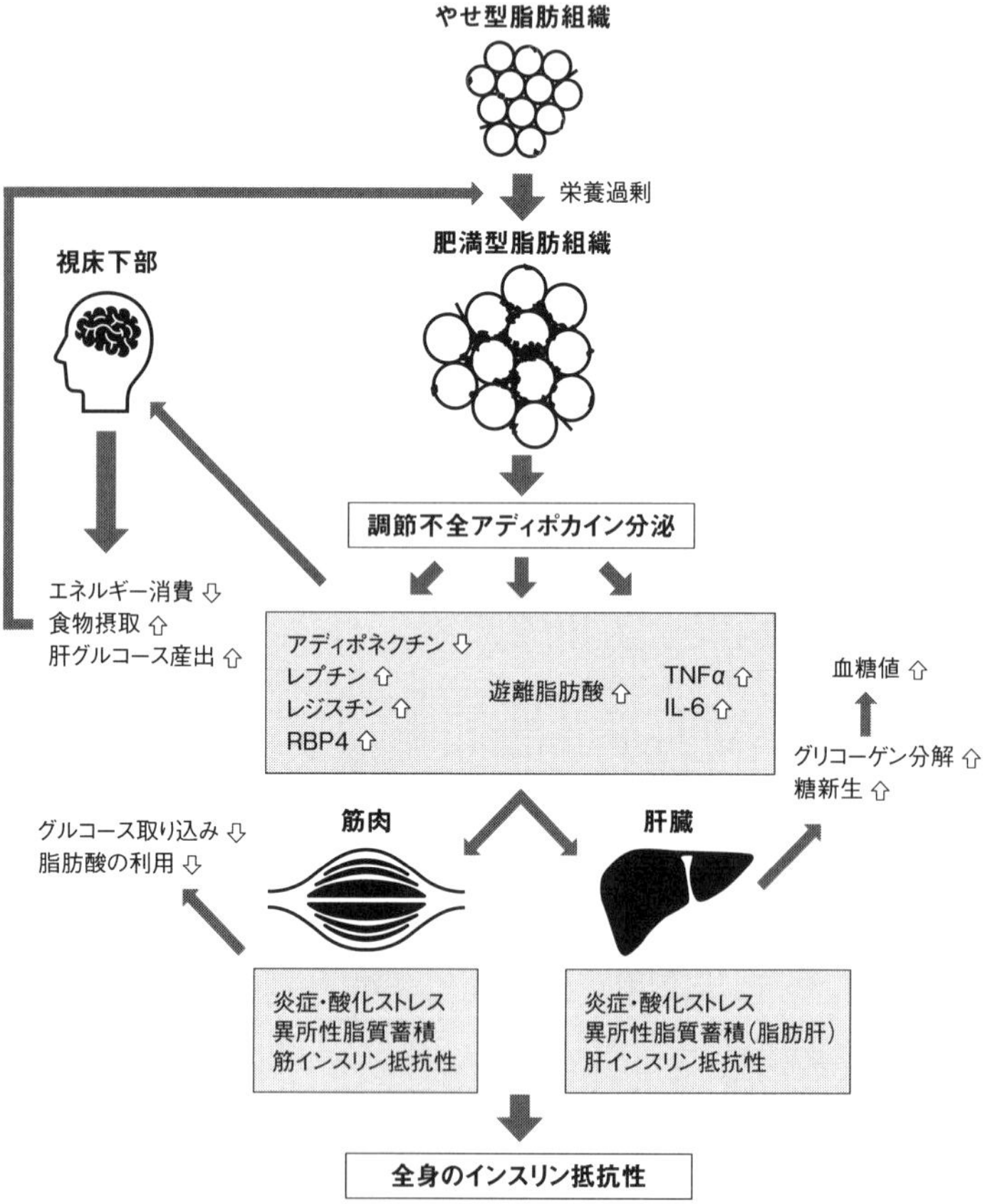

脂肪細胞が肥大する（＝肥満する）と脂肪細胞から悪性因子（アディポカイン）を分泌し、脳、筋肉、肝臓の代謝を悪化させる。この代謝を悪化させる過程で活性酸素の生成、炎症を高める。

出典:Molecular and Cellular Endocrinology 316:129-139,2010 (Galic S.,et al.)

ンテナンスするというのは、アンチエイジングのひとつの鍵ですね。
ちなみに**諸悪の根源は皮下脂肪ではなく、内臓脂肪**。内臓脂肪は、筋肉を萎縮させる物質や、インシュリン抵抗性を発症させる物質、ミトコンドリアの質を悪くするといわれる物質を出しますから、そこを遮断しなければなりません。

鏑木　だから、適度な運動で脂肪を燃やすことが大切というわけですね。

抗酸化と低糖が老化を防ぐ

鏑木　そもそも活性酸素が出る量というのは、年齢とともに上がるのですか?

青井　身体の中にある抗酸化酵素は年齢とともに減っていくのが事実としてあります。活性酸素が出る量は若い頃と一緒でも、抗酸化力、つまり体をサビから守る力が落ちているために、身体はダメージを受けやすくなる。そのバランスが崩れるのが、ちょうど40歳前後ですね。もちろん個人によってある程度違いはありますが。
それから、年齢を重ねるとミトコンドリア以外の、たとえば血管内皮細胞や白血球からも活性酸素が発生することがわかっています。器官によって、より悪い活性酸素を出すこともある、という説もあります。

鏑木　それが蓄積されて、病気につながるわけですね。だからアスリートに限らず、健康を維持するために抗酸化成分を摂ることが大切と考えていいのでしょうか。

青井　ひとくちに抗酸化といっても、さまざまな成分があります。たとえば抗酸化成分のひとつであるポリフェノール。玉ねぎやリンゴに含まれるケルセチン、赤ワインに入っているアントシアニン、茶に含まれるカテキンも全部ポリフェノールの一種ですが、それぞれに得意な領域があって、身体のどこかで活性酸素を除去します。そのほかに有名な抗酸化成分といえば、ビタミンA、C、Eでしょうか。あとはカレーのウコンの色素であるクルクミン、カロテノイドなど。そのなかでもミトコンドリアの機能を助け、老いに対して効果のある抗酸化成分が、アスタキサンチンです。

鏑木　健康だけを意識するなら、いろいろな種類の抗酸化成分を摂ればいいわけですが、**スポーツパフォーマンスを維持するという観点からいえば、ミトコンドリアに作用するアスタキサンチンが特に有効**ということでしょうか。私はアスタキサンチンを10年ほど前から摂り続けているのですが、そのなかで体脂肪の燃焼効率がものすごく上がったことを実感しています。というのも、それまでは12〜13%だった体脂肪が、

図C アスタキサンチンにより、ミトコンドリアの量と質を高めるスイッチとなるタンパク質PGC1が増える（マウス骨格筋）

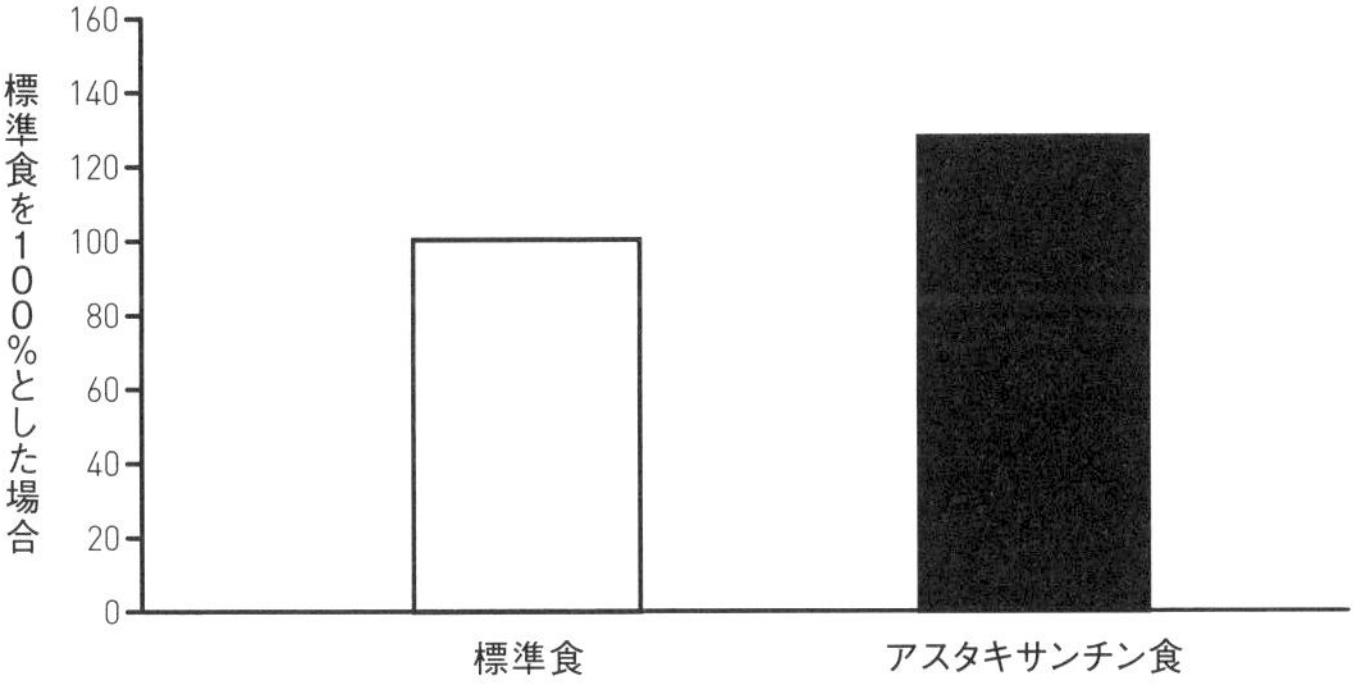

出典:J.Clin.Biochem.Nutr.54:86-89,2014 (Liu P.H.,et al.)

摂りはじめてから5%を切るぐらいまで下がったんです。練習量は同じなのに。

青井　それはすごいですね。じつは我々の研究でも、アスタキサンチンによりミトコンドリアの機能がよくなって（図C）（図D）、脂肪を燃やしやすくするということがわかっています。

鏑木　私はトレーニングで長いディスタンスを走る時期と、練習量をその3分の1程度まで落とす時期があるんですが、運動量を落としている時期でも体脂肪率はそれほど上がらないんですよ。食べてもあまり変わらないのがすごいなと思います。

青井　それはおそらく運動と組み合わせ

図D ミトコンドリアに脂肪を取り込むタンパク質CPT1が活性化する（マウス骨格筋）

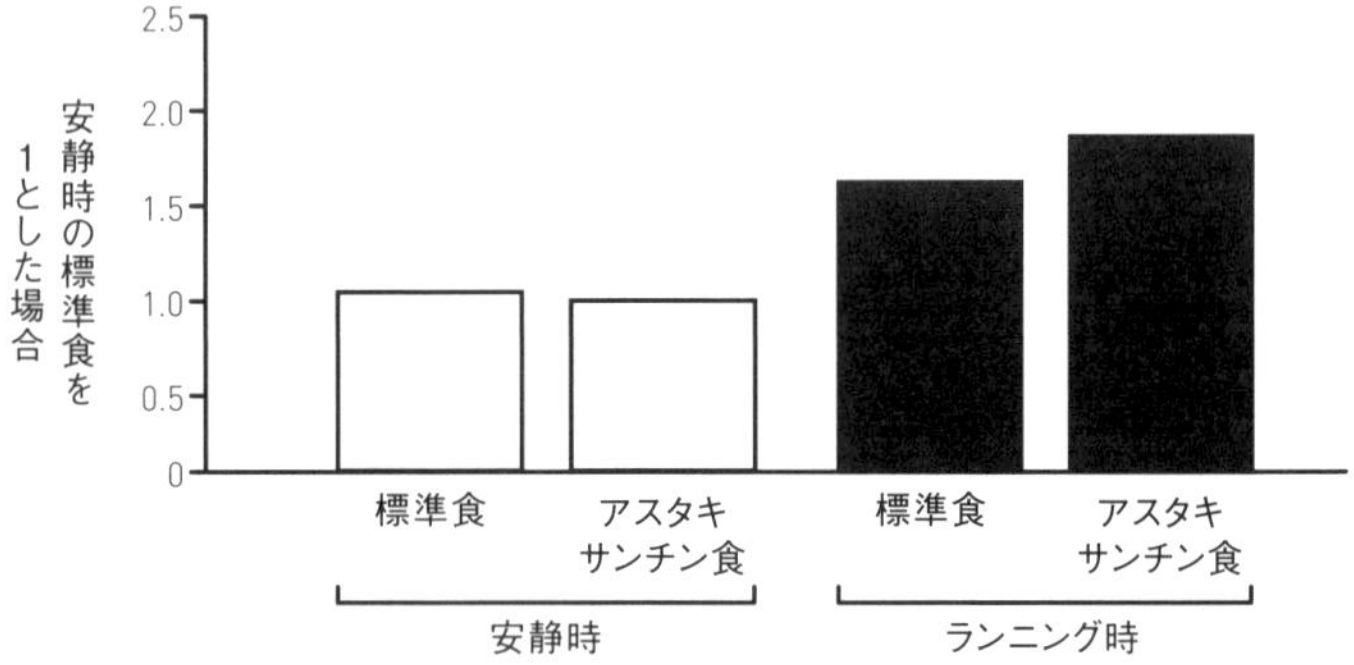

出典:Biochemical and Biophysical Research Communications 366:892-897,2008 (Aoi W.,et al.)

ているからですね。運動をしていない人が飲んでも、じつは痩せる効果は出にくいんです。ネガティブなものを回復させたうえで運動することで、エンジンオイルのような役割となり、エネルギーをつくりだす回路がうまくまわる。普段運動をしていない人は、そもそもその回路をあまり使っていないので、アスタキサンチンを摂り入れたところで変わらないんです。

　また、効率的に脂肪を燃やすためには、鏑木さんが実践されているような脂肪をうまく使えるような食事が大切だと思います。

鏑木　低糖の食事ということですか。血糖値が上がりやすい体質になってしまうと、糖エネルギーのほうを優先的に使ってしまい、100キロ、200キロ走るときはもたないんですよね。
アンチエイジングの面では、低糖の食事ってどうなんですか？
青井　それもじつは、非常に共通するものがあります。炭水化物を少し減らして細胞の中のエネルギーを少しだけ枯渇させると、アンチエイジングの遺伝子、長寿遺伝子にスイッチが入ることがわかっています。ですから、**糖質を抑えたり、食べる量を減らしたりすることは老化抑制に効果がある**といえます。または運動で細胞の中のエネルギーをどんどん消費して、細胞の中を断食状態にするのも効果があります。
鏑木　やっぱり腹八分、ですね。もうひとつ、脚力についてもお聞きしたいです。トレイルランニングはアップダウンが激しいので脚力勝負なんですが、一度、40歳になる手前で、脚力ががくんと落ちたタイミングがありました。ところが、アスタキサンチンを飲んでから半年ぐらいしてまた戻ってきたんですよね。これもまたミトコンドリアと関係しているのでしょうか。
青井　それは筋力が向上したということですよね？　じつはアスタキサンチンが筋力にも効果があることがわかってきています（図E）。なぜか、というところまではま

図E アスタキサンチンを飲みながら筋力トレーニングを6カ月行うと、スクワット運動の挙上回数が増加した（ヒト）

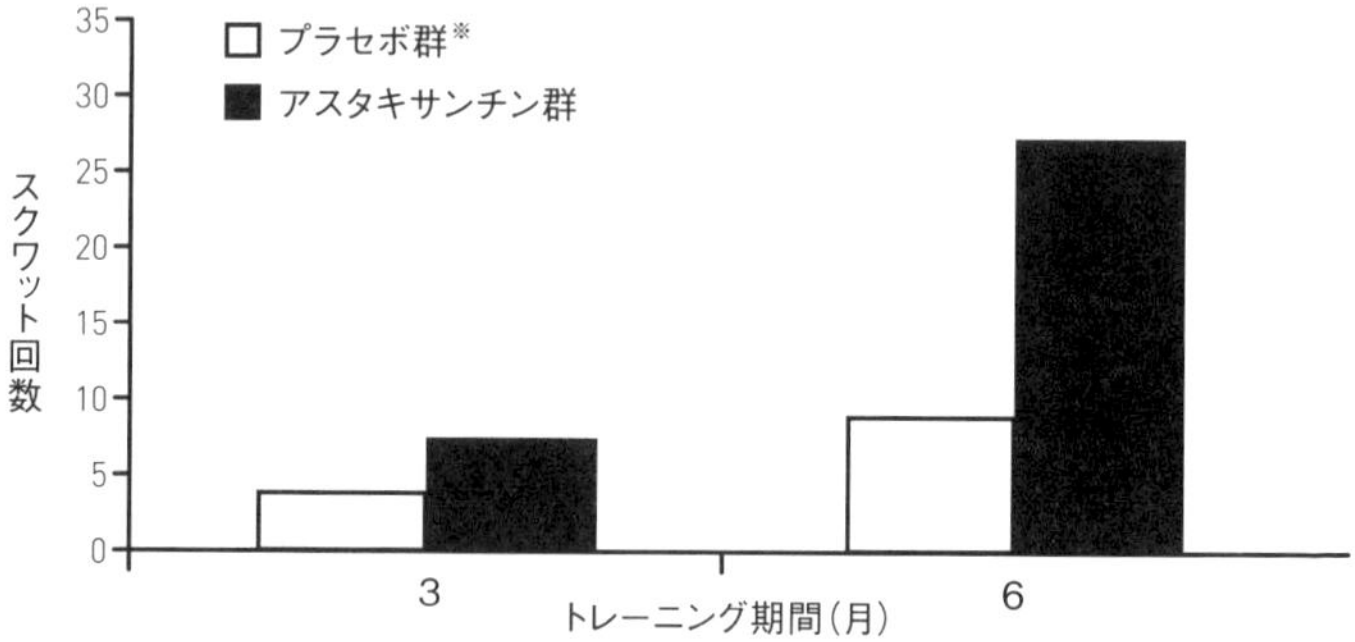

※プラセボ群:有効成分を含まない偽薬を含用して、アスタキサンチン含用のケースと比較
出典:Carotenoid Science 13:20-22,2008 (Malmsten C.L.)

だ解明されていないのですが、もしかしたら、抗酸化以外の部分でアスタキサンチンの独特な効果があるのかもしれません。タンパク質の合成を高めることはすでにわかっていることなので。実際アスリートに、筋トレ中にアスタキサンチンを摂取してもらうと、その伸び率が高いんです。

鏑木　私の場合はウエイトリフティングの競技ではないので、〝何キロを持ち上げられるようになった〟などという、目に見えた数値が出ているわけではないんですが、実感的に、ぐいっと地面を力強く踏み込めるようになりました。

青井　筋肉の材料になるタンパク質を食

事で摂ることは当然重要なことですが、タンパク質をアミノ酸に分解してどんどん筋肉に送り込む作用が、どうもアスタキサンチンにはあるのではないかということを期待しています。

ところで鏑木さんは、アスタキサンチンを摂取する前と摂取した後、睡眠時間に変化はありますか?

鏑木　アスタキサンチンの効果かはわからないんですが、よく眠れるようになりました。同年代の友人からは「朝5時になると目が覚めちゃって寝られない」といったことも聞きますが、私は8時間ぐっすり眠れる。スポーツ選手なので寝ることも仕事のひとつではあるんですけどね。寝起きもすっきり目覚められます。

青井　睡眠のリズムというのは、ホルモンや自律神経の作用などが影響するんですが、自律神経だけで考えると、**アスタキサンチンは副交感神経を優位にするという作用があること**がわかっています。実験用のネズミにアスタキサンチンを投与すると温和になり、喧嘩しにくくなるんです。眠りの質が上がれば、当然、仕事効率がよくなるでしょうし、スポーツパフォーマンスにも影響します。

鏑木　なるほど。さっき目覚めが良くなったと言いましたが、眠りの質が高くなったということなのかもしれません。運動をするときは自然と交感神経のスイッチが入るので眠くなることはもちろんありませんが、リラックス効果は大きい気がしますね。それってスポーツ選手にとっては結構大切なことで、陸上選手が大会当日にいい走りができないときは、異常なまでの緊張が原因であることも多いんです。それはレース2、3時間前に限らず、1週間、もっといえば1カ月前からのいろいろなストレスが、胃腸に出たり、脱水症状を引き起こしたりすることがある。ということは、副交感神経が優位になりリラックスできれば、パフォーマンスにいい影響がでそうですね。

青井　寝るべきときに深い眠りにつけるのは、非常に大切なことです。過度な交感神経緊張を防ぐことによって胃腸障害を防いだり、末梢血流を促して栄養分を取り込みやすくしたりする、といったメリットもあります。

鏑木　トレイルランニングは長い時間走るので、糖分を補給するジェルなどを飲むことがあって、それで胃が荒れてしまうという人も少なくありません。胃の調子を整えるということは、そういったものも抑えられる可能性はあるのでしょうか?

青井　間違いなくあると思います。最近は、腸内細菌にも影響を及ぼすこともわかってきましたし、消化管の機能も良くしているはずです。アスタキサンチンの吸収率は非常に低く、飲んだ大部分は便中に排泄されるのですが、その際に腸をすり抜けていくものが、腸内細菌にいい影響を与えるというデータが出ています。吸収されなかったものも、ちゃんと役に立っているというわけです。

鏑木　それで、大腸がんの予防にもつながるんですね。

青井　がんに効くというのはまだ有力仮説の段階ではありますが、次のステップでがん予防に効くという研究がなされると思います。

鏑木　すごいですね。スポーツのパフォーマンスアップから、がん予防まで。

青井　運動している人が大腸がんになりにくいというのは定説です。組み合わせることで、さらに良い効果をもたらすことは間違いないですね。

抗酸化物質が脳疲労も抑制する

鏑木　運動と脳のかかわりというのは、何か研究が進んでいたりするのでしょうか。

青井　単純に運動の話だけをすると、認知機能が良くなるとか、鬱を抑えられるといった効果はずいぶん前から認められています。私の研究チームでは〝筋肉を中心とした臓器相関〟というのが最近のテーマで、それによれば、**脳の鬱症状や疲労を筋肉が調整している**ということがわかってきました。脳が発する信号が筋肉に伝わり、逆に筋肉を動かすとそれが脳に伝わるというわけです。

有名な話では、乳酸は疲労物質ではなくエネルギー源だったというのがありますよね。昔は脳は糖分しか使えないといわれていたのが、実は乳酸をエネルギーに使えることがわかった。つまり運動すると乳酸が上がって、それを脳がエネルギーに変え、それが脳の認知機能や記憶にかかわっているのです。

鏑木　なるほど。それが運動は脳に良いとされる所以ですね。逆に運動をしないと、筋肉と一緒に脳も弱ってくると。

青井　それから、筋肉が活動することによって、脳の鬱症状を増悪させる物質を除去してくれるということもわかってきました。研究を重ねるほど、運動はやはり大切であると感じます。あくまで「適度な運動」ということかもしれませんが。

鏑木　先ほどからたびたび登場しているアスタキサンチンも、脳に関与していたりするのでしょうか？

青井　アスタキサンチンは、脳血管関門を通過することができる数少ない物質であることがわかっています。アスタキサンチン自体は糖や乳酸のようにエネルギーになるわけではないのですが、脳内で酸化ストレスのメンテナンスをしていて、たとえば海馬という記憶を司る場所の劣化、老化を抑えることをしています。認知機能の低下を抑える効果もあるようですね。

鏑木　脳血管関門を通過するんですか？

青井　はい、それは間違いありません。運動の疲労は、筋肉などの末梢性疲労と、脳の中枢性疲労の大きく二つに分かれるのですが、前者の末梢性疲労はアスタキサンチンの得意分野です。脳の中枢性疲労は、それ自体のメカニズムがまだ完全にまだ明らかになっていないところもありますが、もしかするとそちらにもアスタキサンチンが影響を及ぼす可能性があると考えられています。

もうひとつ、運動生理の分野でいわれている仮説があります。それは、長時間の有酸素運動をすると少しずつセロトニンの量が増えていき、それが疲労感をもたらしている、ということです。そう考えれば、セロトニンの量をうまく調節することも、脳疲労を和らげることにつながると思います。

鏑木　長い時間走っているとセロトニンが上昇して、それにより疲労感が出るというのは実感ありますね。体は元気なのに脳が疲れるというのは、たぶんそういうことなんだろうな。

青井　もうやめたいっていう指令を出しますよね。

鏑木　ありますね、「進む／進まない」の葛藤が。でも、少なくともアスタキサンチンはそこに良い効果があると。脳の中にいるわけですからね。ただ僕は人よりも疲労感を感じるレベルが低いのかもしれない。限界を高い位置に保っていられるし、耐えられる自信がある。後半の追い込みとか、あと粘りの脳というんでしょうか。そこには少なからずアスタキサンチンが影響している気がします。

でも、アスタキサンチンは即効性があるものではないんですよね。そして当たり前ですが、若い世代よりも40歳以上、または、スポーツで自分を追い込むようなシーンがある人のほうが、その体感が強い気がしています。

青井　そうですね。年齢とともにちょっと歪みが出たところを治すという意味では、それなりのベテランの方のほうが体感しやすいと思います。

鏑木　どのサプリメントにもいえることですよね、きっと。長い日で見て、使うべき。

青井　そうなんですよね。何週間か続けてもらわないと、たとえばミトコンドリアにも、なかなかたまっていかないので、効果としては薄いでしょうね。もうひとつは、鏑木さんのように、まず食事に気をつけられている方がプラスαで飲んでこそ効果があるのだと思います。

極端にいえば、白いご飯とサプリメントだけでは、決していいとは言えません。アスタキサンチンは非常にいろんな効果を持っていますが、万能薬ではありません。バランスのいい食事を摂ったうえで、ひとつのエッセンスとして取り入れるのがポイントでしょうね。

持久力はいつでも高められる

鏑木　僕は50歳を迎える年に、ＵＴＭＢという世界最高峰のトレイルランニングレースに再び挑戦することを決めました。先生から何かアドバイスをいただけないでしょうか。

青井　今日お話を伺って、食事管理やケアを徹底されていることがわかりましたから、あとはいかにそれをキープするかということだと思います。その点、アスタキサンチンをはじめ、抗酸化に重きを置いた食生活はすごくいい取り組みだと思いますし、差がつくポイントではないでしょうか。スポーツサイエンスもどんどん進化していますから、そういったものを取り入れて、ぜひとも選手寿命を伸ばしていただきたいなと思いますね。

鏑木　青井先生とお話ししていても、次々と新しい研究結果が出てきていることがわかり、刺激になります。そうした最新の科学的な知見を現場の選手がすぐに実践するのはなかなか難しいですが、それでもできるかぎり実践していきたいと考えています。本当は、研究者の先生方ともっと近いところにいてコミュニケーションをとっていければさらにいいのでしょうが。

青井　若いアスリートだと勢いや体力で補えてしまう部分があるので、そこまで深く考えなくてもいいですからね。人生の持久力を意識しはじめるのは、やはり40歳を過ぎたあたりからではないでしょうか。その点、鏑木さんはご自身で研究されておられますので、今日もこうした話をさせていただきやすかったです。

鏑木　〝持久力は何歳になっても向上する〟ということについては、先生はいかがお考えでしょうか？

青井　そうですね。老化との戦いは、何歳から始めてもいいと思うんですよね。もう50代だから今さら……ということもありません。ミトコンドリアの状態を高めることは何歳からでもできますし、筋肉も、80歳、90歳になっても増えるというデータがあります。パフォーマンスを向上させるのに、年齢は全く関係ないと思います。

（2017年12月1日収録／構成：黒澤祐美）

エピローグ

自分が50歳を迎えるにあたって、そろそろアスリート人生の最終局面にあることを実感する機会が増えてきました。これはアスリートに限らず、同年代の社会人の皆さんも実感されることが多いのではないでしょうか。

これまでのキャリアをどう活かし、そしてキャリアをいかにソフトランディングさせるべきか。それを考えたときに初めて、自分が今何をやっておくべきかが見えてくるのだと思います。

私の場合はそれが、「NEVER」と銘うった、50歳でUTMBに挑むプロジェクトに結びつきました。

「NEVER」とは、「決して○○しない」の意。この○○の部分には、人によってさまざまな言葉が当てはめられるでしょう。決してあきらめない。決して振り返らない。決して後悔しない……。この社会で生きるすべてのアラフィフ世代に、自分なりの何かをここに埋めてみてほしい。そんな思いから、私はこのプロジェクトをスタートしました。

また、「NEVER」を通して、若い人たちにも伝えたいことがあります。それは、**何かにチャレンジすることで、いつからだって自分の人生を高めることができる**というメッセージです。

私がトレイルランニングに打ち込むようになったのはもともと、自身の陸上競技キャリアに対するアンチテーゼのようなものでした。何をやってもうまくいかなかった学生時代、それでも箱根駅伝に光明を見出してがむしゃらに頑張ったけれど、あと一歩のところで届かなかったもの。それを取り返すための舞台を、トレイルランニングの世界に求めたのです。

しかし、挑むスタンスは大きく異なります。トレイルランニングで迎えた世界は、かつて味わったような苛烈な競争社会ではなく、自ら切りひらくことに意欲的でいられる、「遊び」の延長線上にあるものでした。

その結果、40歳で世界3位になった私は、50歳になる今もまだ、世界のトップ戦線で走ろうとしています。これを人生の壮大な遊びと捉えるのは、なんとも楽しいことです。

もう一度UTMBに挑戦すると言うと、人は実にさまざまな反応を見せてくれます。「危ないからもうやめておけ」とか、「大丈夫なの？」などと私の体を気遣ってくれる人もいれば、「まだまだ世界トップレベルにあることを見せつけてやれ！」と無条件に背中を押してくれる人もいます。そうした周囲の思いの一つひとつが、私にとっては何よりの力の源となっているのは間違いありません。

おそらく世界最高峰の舞台で走るのは、これが最後の機会になるでしょう。だからこそ大会当日まで、私は自分の人生の集大成として準備に全力を注ぎ続けます。

今回の挑戦に際し、メディアの皆さんは口々に、「目標は何位ですか？」と問いかけてきます。なかには、「自己最高位である3位の更新を目指すんですか？」とまで言ってくる人もいます。もちろん、それができれば最高のレースとなるでしょう。

しかしここで大切なのは、私は決して目標順位を設定してはいないということです。

「ＮＥＶＥＲ」は表彰台を目指すプロジェクトではありません。50歳の私が世界のトップ10に食い込む姿を見せることよりも、そこまでのプロセスにこそ意味があります。老いを受け入れ、そして老いに抗いながら挑戦し続けることそのものが目的なのです。この大会で私が何位でゴールするのかは、あくまで結果のひとつに過ぎません。

もちろん、ひとりのアスリートとして、「鏑木毅は50歳になっても強かった」と思わせる結果を残したい気持ちはあります。そのためにできるかぎりの準備もしています。

苦悩や葛藤がないわけではありません。昔のようには動けなくなっていることを、誰よりも自覚しているのは私です。でも、だからこそこのプロジェクトには大きな意義があると感じています。

世界的な大舞台は次のＵＴＭＢを最後にするつもりであっても、私はまだまだ走るのをやめるつもりはありません。体が動くかぎり、きっと一生走り続けることになるのでしょう。

そして、走り続けることで、その先にまた別の目標を持つこともあるかもしれません。そのときの年齢、環境、コンディションに応じて新たな目標を設定できるなら、私はいつまでも挑戦者であり続けることができます。

また、同じように挑戦する人を少しでもサポートするために、私はこれからも、自らの体験から得た知見を積極的に発信し続けるつもりです。

老いを言い訳に世界を閉じてしまうのは、あまりにももったいないことです。鏑木毅が走る姿を見て、一人でも多くの方がそう感じてくれれば、これほど嬉しいことはありません。

日常をポジティブに変える

究極の持久力

発行日　2018年2月25日　第1刷

Author　鏑木毅

Book Designer　井上新八

Publication　株式会社ディスカヴァー・トゥエンティワン
〒102-0093　東京都千代田区平河町2-16-1 平河町森タワー11F
TEL　03-3237-8321（代表）　FAX　03-3237-8323
http://www.d21.co.jp

Publisher　干場弓子
Editor　千葉正幸　　構成：友清哲

Marketing Group
Staff　小田孝文　井筒浩　千葉潤子　飯田智樹　佐藤昌幸　谷口奈緒美　古矢薫　蛯原昇
安永智洋　鍋田匠伴　榊原僚　佐竹祐哉　廣内悠理　梅本翔太　田中姫菜　橋本莉奈　川島理
庄司知世　谷中卓　小田木もも

Productive Group
Staff　藤田浩芳　原典宏　林秀樹　三谷祐一　大山聡子　大竹朝子
堀部直人　林拓馬　塔下太朗　松石悠　木下智尋　渡辺基志

E-Business Group
Staff　松原史与志　中澤泰宏　伊東佑真　牧野類

Global & Public Relations Group
Staff　郭迪　田中亜紀　杉田彰子　倉田華　李瑋玲　連苑如

Operations & Accounting Group
Staff　山中麻吏　吉澤道子　小関勝則　西川なつか　奥田千晶　池田望　福永友紀

Assistant Staff
俵敬子　町田加奈子　丸山香織　小林里美　井澤徳子　藤井多穂子　藤井かおり
葛目美枝子　伊藤香　常徳すみ　鈴木洋子　内山典子　石橋佐知子　伊藤由美　押切芽生　小川弘代
越野志絵良　林玉緒　小木曽礼丈

Proofreader　株式会社 T&K
DTP＋本文デザイン＋図版制作　小林祐司
Printing　シナノ印刷株式会社

ISBN978-4-7993-2228-4